Barnabé Kazambua Bin Bendela

Ce qu'il faut connaître de la prise de parole en public

Barnabé Kazambua Bin Bendela

Ce qu'il faut connaître de la prise de parole en public

Les secrets d'un discours réussi

Éditions Vie

Imprint

Cover image: www.ingimage.com

Publisher:
Éditions Vie
is a trademark of
Dodo Books Indian Ocean Ltd., member of the OmniScriptum S.R.L Publishing group
str. A.Russo 15, of. 61, Chisinau-2068, Republic of Moldova Europe
Printed at: see last page
ISBN: 978-613-9-59070-4

Epigraphe

La parole est une responsabilité. Une fois prononcée, elle doit être assumée

Jean L. Austin

Table des matières

Dédicace

A tous ceux qui, d'une manière ou d'une autre prennent la parole en public

Introduction

La première expression de l'enfant qui naît est le cri, premier souffle et première communication. La langue latine souligne l'importance de la parole en nommant l'être au premier stade de sa vie *Infans* ou celui qui ne parle pas. Selon Catherine Duffau, ce mot est l'étymologie du terme « enfant » (Catherine, 2013). De ce fait, l'apprentissage est comme le premier cri à la fois spontané, essentiel et universel.

Dans la période pré-linguistique, sans que la communication verbale soit absente, la communication vocale et posturale de la mère avec le bébé apparaît prédominante. Le discours de la mère adressé à l'enfant s'attache, de la manière privilégiée, à traiter du lien social.

Dale Carnegie a donné ses premiers cours de parole en public en 1912, à Young Men's Christian Association (Association des Jeunes Gens Chrétiens) à New York. A cette époque ; parler en public était davantage considéré comme un art que comme une technique, son enseignement visait à produire des orateurs, des tribuns et autres foudres d'éloquence à la voix d'or. Cependant, l'homme d'affaires ou de profession libérale, qui désirait simplement s'exprimer avec plus de facilité et d'assurance dans son propre milieu, ne voulait pas perdre son temps et son argent à apprendre les mécanismes de l'élocution, de la production vocale, les règles de la rhétorique et les gestes cérémonieux. Les cours de Dale Carnegie sur la façon de s'exprimer avec efficacité connurent un succès immédiat parce qu'ils donnèrent à ces hommes les résultats qu'ils recherchaient. Carnegie aborde la parole en public non comme un art requérant des aptitudes spéciales, mais comme une technique que n'importe quelle personne normalement intelligente peut acquérir et développer à volonté.

Aujourd'hui, l'enseignement de Dale Carnegie a fait le tour du monde, et la valeur de ses conceptions est attestée par les millions de stagiaires venus de partout, des hommes et des femmes de tous les milieux, qui ont amélioré leur façon de s'exprimer et leur efficacité personnelle et professionnelle. Le manuel que cet Américain avait écrit pour ses stagiaires, « Comment parler en public», a été réédité plus de cinquante fois et traduit en onze langues. Dale Carnegie l'a mis à jour plusieurs fois, en tenant compte de l'accroissement de ses connaissances et de son expérience. Il y a plus de personnes qui se servent de ce livre chaque année, qu'il n'y a d'inscriptions dans l'ensemble des plus grandes universités.

Parler avec efficacité ne consiste pas seulement à être capable de dire quelques mots à un auditoire. C'est l'expression révélatrice de la personnalité humaine. Dans cette même logique, Donald Smith soutient que la communication est ce qu'on entend et non seulement ce qui est dit (Donald, 1992).

Dans la vie, tout est communication selon les partisans de l'école de Palo Alto, et c'est par la parole que l'homme se différencie des autres êtres vivants. Lui seul, à la différence des animaux, a le don de la communication verbale, et c'est par la qualité de ce qu'il dit qu'il exprime le mieux son individualité, l'essence même de son être. Lorsque l'homme est incapable de dire clairement ce qu'il pense par émotivité, ou parce que ses idées sont floues, sa personnalité est limitée, effacée et incomprise.

La satisfaction personnelle, professionnelle et sociale dépend de l'aptitude de chacun à communiquer clairement à ses semblables ce qu'il est, ce qu'il désire et ce en quoi il croit. Aujourd'hui plus que jamais, dans l'atmosphère de tension internationale de crainte et d'insécurité qui plane sur le monde, nous avons besoin que restent ouverts entre les peuples les canaux de la communication. J'espère que cette méthode rapide et facile pour apprendre « comment parler en public» sera utile en toutes circonstances, à la fois à ceux qui souhaitent simplement pouvoir parler avec plus de confiance et d'aisance et à ceux qui désirent communiquer plus professionnellement. Cette méthode leur apportera un plus grand accomplissement de leur personnalité. « Je vois que, dans la vie des hommes, c'est la parole, et non l'action, qui conduit tout », fait dire Sophocle à Ulysse dans la tragédie Philoctète (Senger, 1967).

En effet, l'art oratoire ou l'art de parler avec éloquence, d'émouvoir et de persuader la foule a joué un rôle capital, des origines de l'histoire à nos jours. Il ne s'est pas toujours substitué à l'action ; souvent, il a poussé les peuples à agir. Il a fondé des empires ou détruit des institutions, prétendait Cicéron. En interprétant les rumeurs sourdes qui circulaient dans le pays, en donnant une expression au mécontentement confus, un but précis à l'agitation désordonnée, l'éloquence oratoire a déclenché des révolutions (Senger, 1967).

De tout temps et en tout lieu, les foules ont tressailli à la parole véhémente des grands orateurs. Car l'art oratoire s'adresse au sentiment comme à la raison ; il s'impose à l'homme le plus passif et le plus indifférent ; il constate ses effets et s'adapte aux assemblées comme aux circonstances. L'art oratoire, s'il a connu des modifications au cours des siècles, n'a cependant rien perdu de son prestige dans la vie publique. Bénéficiant de la technique moderne, il peut exercer sa tyrannie sur les foules dépourvues d'esprit critique. N'a-t-il pas conduit certaines nations à la plus épouvantable catastrophe ? L'exemple du génocide du Rwanda en 1994 attisée par certaines émissions radiodiffusées en est l'illustration criante. Aussi, cet art qui jouit d'un tel pouvoir, a-t-il fait l'objet d'une étude approfondie dès ses origines les plus lointaines.

Et ce fut la naissance de la rhétorique, qui est l'ensemble des règles et préceptes propres à donner aux discours le maximum d'effet. L'art oratoire devint également une branche de la littérature et conquit une place respectable dans l'enseignement. La rhétorique, jusqu'au début du dernier siècle, constituait une connaissance indispensable à la culture générale. Aujourd'hui, ce mot n'éveille plus guère qu'une idée péjorative, synonyme de phraséologie. Cependant, lorsqu'on consulte les ouvrages modernes qui traitent de l'art oratoire, on constate l'unanimité des auteurs sur la prise de parole en public qui joue un rôle de plus en plus grand dans la vie.

Dans cet ouvrage, nous envisageons les trois aspects fondamentaux de toute situation oratoire.

1° *Le discours* où nous apprendrons à tisser la chaîne et la trame de notre exposé avec les fils de notre expérience

2 ° *L'orateur* où nous verrons comment utiliser le cerveau, le corps et la voix pour donner de la vie à nos propos

3 ° *L'auditoire* est l'objectif principal et l'arbitre souverain du succès ou de l'échec de notre message.

Dans une relation de face à face tout comme devant un public ou lors d'une audience donnée, la prise de parole implique une interaction verbale entre les acteurs de la communication : alternance des prises de parole, enchainement, signification des mots, expression des opinions, gestion des sujets ou de la relation interpersonnelle, etc. Ce type d'échange est le résultat d'un travail réciproque, le plus souvent implicite, dans lequel les acteurs négocient et ajustent en permanence leurs comportements réciproques (Charlotte, et al., 2012).

Chapitre

1

Le discours

Actuellement, un discours bien organisé et réfléchi rapporte à beaucoup de gens un salaire très lucratif. Le discours est un développement oratoire, sur un sujet déterminé, dit en public et, en particulier lors d'une occasion solennelle, par un orateur ; il s'agit d'une allocution ou d'un discours de bienvenue (Larousse, 2010).

L'empereur romain Néron se rendit dans l'arène pour voir les lions déjeuner avec les chrétiens. Les animaux déterminés grignotaient avec leur appétit habituel jusqu'à ce qu'un chrétien parle à son lion. Le lion, qui semblait écouter attentivement, s'en alla en trottinant, la queue entre les pattes. Le même homme continua à parler à tous les lions. Chacun d'eux s'éloignait, aussi doux qu'il avait été féroce quelques minutes auparavant. Finalement, Néron ne put supporter le suspense plus longtemps et se fit amener le chrétien. Néron lui dit : « Si tu me dis ce que tu as dit aux lions, je te libérerai. » Le chrétien répondit : « Je leur ai dit que le lion qui gagnerait ce concours devrait se lever et dire quelques mots au public. »

Toute personne qui a déjà dû se lever et faire un discours peut s'identifier à ces lions. Pour beaucoup de gens, se lever et faire un discours, quel qu'il soit, c'est comme si on leur demandait de sauter d'un avion à 30 000 pieds, sans parachute. Une enquête récente a révélé que la peur numéro un des Américains était de parler en public. Si vous pouvez surmonter votre peur et apprendre à devenir un bon orateur, vous aurez un avantage dans la vie et vous aurez beaucoup plus de chances de réussir dans d'autres domaines. Il n'y a pas vraiment de mystère sur ce qui fait d'une personne un orateur efficace. Quelques caractéristiques suffisent pour vous aider à réussir. Il n'est pas nécessaire d'être pasteur, médecin, psychologue, expert ou autre professionnel pour parler devant un groupe.

Les trois principaux types de prise de parole en public

Certaines personnes semblent capables de se tenir devant un groupe et de parler de n'importe quoi à tout moment. Leur aisance à parler est due, dans une large mesure, à leur compréhension des différents types de tâches oratoires. Ces orateurs sont familiarisés avec chaque type de discours et savent comment les différents discours sont organisés et prononcés. Vous pouvez aussi apprendre cela.

Tous les discours appartiennent à l'une des trois catégories suivantes : les discours *informatifs*, les discours *persuasifs* ou les discours *divertissants*.

Les discours qui informent expliquent, rapportent, décrivent, clarifient, définissent et démontrent. Ces discours peuvent inciter un public à agir ou à croire. Leur objectif principal est de présenter des faits, des détails et des exemples.

Les modalités du discours informatif ou explicatif

Le discours informatif vise à exposer des faits, des données, en les classant et en les synthétisant. Cette présentation est perçue comme objective.

Le discours explicatif adopte des enchaînements logiques qui se rapportent du discours argumentatif, notamment la cause, la conséquence, etc.

Les fonctions du discours informatif ou explicatif

La fonction de ces formes de discours est surtout didactique. Mais leur apparente objectivité masque souvent une fonction argumentative.

Les discours qui persuadent sont conçus pour convaincre, et l'objectif est d'influencer les croyances ou les attitudes de l'auditoire. Pour ce faire, vous pouvez utiliser votre propre crédibilité pour renforcer votre argument. Vous pouvez également faire appel aux émotions, à la raison ou au sens du bien et du mal de votre public.

Les discours qui divertissent utilisent l'humour pour influencer un public, comme dans un discours d'après dîner. Une fois l'auditoire échauffé, une idée principale est présentée, toujours sur une note légère. Notez qu'il s'agit de la plus difficile de toutes les présentations, car elle exige une grande aisance et une grande élégance, et elle dépend, dans une large mesure, du charisme de l'orateur.

Précisons tout de suite que ces trois types de discours se chevauchent souvent. Il est donc important d'isoler et de comprendre l'objectif principal de votre exposé avant de commencer à le préparer.

Dans la langue courante, le terme « discours » est polysémique : il renvoie autant à un ensemble d'énoncés solennels -le discours du président- qu'à des paroles vaines, sans effet « tout ça c'est des discours » (www.farum.unige.it, 2020).

Cependant, lorsqu'on parle de « discours religieux, laïc, politique», on se rend compte que le terme « discours » est souvent associé à une forme de langage dirigée dans un but précis, supposant ainsi une stratégie particulière. Lorsqu'on parle de « discours de droite », on pense bien évidemment à un certain nombre de thèmes ou d'idées, mais aussi à une rhétorique qui lui est liée à un système qui permet de les produire.

Autrement dit, le terme « discours » devrait être compris non seulement comme un « type d'énoncés » mais également comme une énonciation particulière : ce n'est pas le même discours qui est mis en œuvre dans une lettre, un roman ou un article de journal.

On rejoint ici la traditionnelle distinction entre les différents « genres », mais la notion de « discours » et celle de « genre » ne se superposent pas pour autant, car ce n'est pas non plus le même type de discours que l'on retrouve chez un narrateur du XVIII° ou du XX° siècle, chez un ouvrier, un noble ou un bourgeois, etc.

Ce sens "élargi" du terme « discours » est, on le voit, particulièrement riche parce qu'il permet d'intégrer une approche historique, voire sociologique, tout en gardant à l'esprit que le texte est avant tout un acte de communication complexe, ayant une visée précise mais qui peut cependant échapper à son auteur. Dans un même texte, en effet, plusieurs types de discours peuvent se superposer, s'entremêler ; et l'on rejoint ici la notion de polyphonie textuelle : plusieurs « voix » se font entendre dans un texte, et ce dernier tire bien souvent sa littérarité -son caractère littéraire- de leur concurrence, de leur contradiction ; bref, de leur *jeu* entre elles, jeu au sens ludique -de là vient en partie l'ironie d'un texte- ou au sens mécanique -leur "friction", leur concurrence produisent des effets.

Cette définition du terme « discours » est due à son emploi dans les sciences du langage, notamment la pragmatique, qui a dégagé un certain nombre de caractéristiques et de lois de la communication.

Caractéristiques du discours

Le discours mobilise des structures d'un autre ordre que celles de la phrase. Son étude ne relève donc pas de la syntaxe, mais se concentre sur les conditions de production des énoncés.

Le discours est orienté, non seulement parce qu'il est construit en fonction d'une visée, mais parce qu'il est une forme d'action sur autrui. Toute énonciation constitue un acte -promettre, suggérer, affirmer, interroger, etc.- qui vise à modifier une situation : c'est ce que J. L. Austin (*Quand dire c'est faire,* 1962) appelle des actes de langage mais que l'on appelle aussi « actes de parole » ou « acte de discours. »

Le discours est par conséquent interactif. Cette caractéristique est évidente sous sa forme orale -le dialogue entraîne une interaction- mais elle ne s'y réduit pas. Il y a une interactivité fondamentale -ou dialogisme- dans tout texte car le discours qu'il met en place prend en considération un destinataire.

Pour souligner l'importance de ce destinataire, on le qualifie souvent de « co-énonciateur », car il participe à la production des énoncés : dans l'acte d'écriture, comme dans toute communication, on sait, ou on imagine, à qui l'on s'adresse, et cela influe sur le contenu et sur la forme de ce qui est dit.

Le discours est pris dans un inter-discours : il ne prend sens qu'à l'intérieur d'un univers d'autres discours à travers lequel il doit se frayer un chemin. Autrement dit, un discours ne prend bien souvent sens que par rapport à un autre. Et l'on retrouve les catégories fécondes dans l'analyse d'un texte de *parodie* -reprendre un discours pour le ridiculiser-, *controverse* -"dialoguer" de manière polémique avec un autre discours-

, *commentaire* -mettre son discours au service d'un autre-, *citation* -reprendre un discours-, etc.

Les lois du discours

Un discours cohérent répond à un certain nombre de lois telles que :

- *la loi de pertinence* : toute énonciation implique qu'elle soit pertinente et qu'elle vient à propos.
- *la loi de sincérité* : l'énonciateur s'engage dans l'acte de discours qu'il accomplit-il est censé dire ce qu'il pense, assumer ce qu'il dit, etc. A ce titre, Libaert stipule que la communication s'est, comme souvent, le cas adapté à un besoin exprimé de la société, car, selon lui, la transparence est à la fois un terme de discours et un domaine de communication des entreprises (Thierry, 2013)
- *La loi d'informativité* : les énoncés doivent apporter des informations nouvelles au destinataire. Quand un énoncé n'apporte rien de neuf, c'est que l'information se trouve à un autre niveau et que l'énoncé veut transmettre un autre contenu – on dit une chose anodine, qui n'apporte rien, pour dire *autre chose*, de manière voilée.
- *La loi d'exhaustivité* : l'énonciateur doit donner l'information maximale, en fonction de la situation.
- *Les lois de modalité* : l'énonciateur recherche théoriquement la clarté, la concision, etc.

Ces lois définissent bien évidemment un discours "*idéal*", celui que suppose, dans l'absolu, l'acte de communication -la communication vise a priori la compréhension la plus rapide et la plus totale entre les différents partenaires.

Dans l'analyse d'un texte littéraire, ces lois prennent tout leur sens dès lors qu'elles sont transgressées ; ce que la littérature contemporaine a très souvent fait. Dans un texte comme *Le Bavard* de Louis-René des Forêts, la loi de pertinence, et celle d'informativité sont bafouées puisque le personnage ne cesse de parler, *a priori,* pour ne rien dire. De même, la littérature moderne joue très souvent avec les lois de modalité -

clarté, concision- et d'exhaustivité. La communication littéraire est sûrement celle qui joue le plus avec les codes, quels qu'ils soient.

Discours et récit

La définition du « discours » est quelque peu compliquée par le fait que « discours » renvoie aussi à des sous-ensembles du « discours ». Lorsqu'il s'oppose au « récit », le discours renvoie à un certain type d'énonciation ancré dans la situation d'énonciation par opposition, justement, au récit coupé de la situation d'énonciation.

Récit et discours sont, dans ce cas, des concepts linguistiques qui permettent d'analyser des énoncés. Ce ne sont pas des ensembles de textes ; au contraire, ils se mélangent presque toujours dans un seul et même texte.

En effet, les études sur l'argumentation remontent à l'Antiquité classique et à Aristote, comme on l'a vu dans le sous-chapitre précédent. Elles suivent différentes perspectives théoriques : la rhétorique, la sémantique, la pragmatique, la linguistique cognitive entre autres. Ici, l'analyse se fonde dans la sémantique argumentative de Ducrot.

Les individus utilisent le langage non pas pour faire passer des informations dépourvues d'arrière-pensées, mais souvent pour exercer une influence : persuader, convaincre, consoler, faire agir, ennuyer, vexer, etc. Cette influence, l'individu peut, s'il le souhaite, la dissimuler. Il peut persuader, par exemple, sans pour autant faire savoir qu'il cherche à persuader. Anscombre & Ducrot (1997) citée par Jessica da Silva Anunciaca affirment que pour consoler quelqu'un, il n'est pas nécessaire d'interpréter le rôle du consolateur. En fait, il est même déconseillé d'adopter le personnage du consolateur (Anunciacao, 2014).

L'étude des auteurs ne repose cependant pas sur ces influences, mais plutôt sur des influences qui ne peuvent être réalisées sans être déclarées. L'insulte appartient à cette catégorie, puisqu'elle n'existe que déclarée comme telle. Si l'insulte n'est pas clairement déclarée, la personne qui a insulté pourra toujours dire qu'elle n'avait pas l'intention d'insulter

Les opportunités de parler en public

Trouver les bonnes occasions et des opportunités de prise de parole en public peut prendre du temps. Au fait, nous avons plusieurs occasions de parler devant un public : au travail, quand il s'agit de vendre ses idées, de procéder aux présentations techniques, de faire les présentations et évaluations de clients, ainsi que dans la vie quotidienne, lors des réunions du conseil scolaire, etc.

Savoir parler en public est utile dans la plupart des domaines d'activités, des entreprises traditionnelles aux start-up en passant par les professions artisanales.

La capacité à s'exprimer de manière confiante et efficace devant un public peut être bénéfique dans de nombreuses situations. Par exemple, vous pouvez chercher à compléter vos revenus ou à décrocher de nouveaux contrats en intervenant régulièrement lors des divers événements.

Pour World Storm Public Relations, avec plus de 20 ans d'expérience dans les relations publiques et le marketing, il a réussi à développer un vaste réseau d'agences de presse, d'organisateurs d'événements et de groupes d'entrepreneurs qui peuvent vous offrir de précieuses opportunités de réseautage et de prise de parole (word Storm , 2021). Pour plus de détails, consultez le site web https://wordstormpr.com.

Le processus de communication par la parole

L'orateur commence la communication verbale et non verbale. Dans le cas échéant, l'orateur est l'émetteur.

Le Message est ce qui est transmis comme message à une audience.

Le Canal est le moyen par lequel un message est transmis vers une audience.

L'Auditeur est le récepteur du message produit par l'orateur (l'émetteur).

Le Feedback se présente sous de nombreuses formes et doit être compris par les parties.

L'Interférence est tout ce qui entrave la circulation du message.

La Situation est le moment et le lieu de l'événement.

Congruence dans la prise de parole en public

Beaucoup de choses ont été dites sur la communication non verbale. Beaucoup d'études ont été faites, dont les conclusions ont été parfois reprises, amplifiées, voire dévoyées. Vous avez peut-être entendu parler d'une étude réalisée à la fin des années 60 par Albert Mehrabian, un professeur américain de psychologie. Ses résultats sont souvent mis en avant au sujet de la prise de parole en public : votre auditoire vous jugerait essentiellement sur votre communication non-verbale. Mais est-ce vraiment le cas ? Et qu'est-ce que la congruence ? Suivez le guide.

La congruence en communication est l'attitude d'une personne en accord entre ce qu'elle *pense* et ce qu'elle *ressent* d'une part -processus internes à la personne- et ce qu'elle *dit* et ce qu'elle *montre* -processus externes. C'est une sorte d'alignement entre l'idée, la sensation, la parole et les actes. Nous savons bien lorsque nous sommes congruents, ou pas, dans notre façon de communiquer (Sylvie, 2020).

Nous pouvons aussi utiliser ce concept pour observer si la personne avec qui nous communiquons est congruente ou non. Cette technique peut vraiment servir dans toutes les situations. Et spécifiquement, dans des métiers très relationnels -commerciaux, relation d'aide, etc. Ou bien, dans des situations de désaccord ou de tension.

Comment faire ?

L'état de congruence est observable : les messages verbaux et non verbaux de la personne vont dans le même sens. Nous pouvons remarquer que l'attitude ou les réactions d'une personne sont incongruentes lorsque coexistent en elle des pensées et des sentiments contradictoires. Alors, s'installe une divergence entre certains messages verbaux et non verbaux (Agent majeur, 2021).

Attention et précisons que dans la grande majorité des cas, il ne s'agit pas de dissimulation volontaire, mais souvent le résultat d'une contradiction interne qui peut être inconsciente. Ou que l'on ne sait pas résoudre dans l'instant.

En effet, pour repérer les incongruences et donc mieux communiquer, nous devons aiguiser notre sens de l'observation et de l'écoute. Voici quelques signaux pertinents à prendre en compte :

Dans le registre para-verbal et non-verbal :

- une position asymétrique du corps ;
- des gestes de mise à distance ;
- un ton ou des propos ironiques ;
- des hésitations dans le rythme de la voix ;
- des changements de volume dans la parole ;
- des intonations qui sont des équivalents de « oui, mais »

Dans le registre verbal : repérer tous les petits mots comme « mais », « d'un autre côté », « essayer », « peut-être », etc.

Avec le temps et la pratique de l'observation et de l'écoute fine, nous pouvons enrichir notre palette de signaux pour repérer la congruence du comportement de notre interlocuteur.

Des résultats qui dépendent d'un contexte

Si l'on ne retient que les résultats de l'expérience de Mehrabian, sur les trois registres du langage, ***verbal, vocal et visuel***, seuls les deux derniers auraient de l'importance. D'ailleurs, les chiffres sont là pour le prouver. Quand vous vous exprimez, votre auditoire serait influencé à 7% par le verbal -les mots que vous utilisez-, à 38% par le vocal -les intonations et le son de votre voix- et à 55% par le visuel -les expressions de votre visage et votre langage corporel.

Aussi, jugerait-on à 93% sur votre langage non verbal -vocal + visuel-, ce qui est difficile à croire ! Cela signifierait que le fond n'a aucune importance et que seule la forme compte. D'ailleurs, en y regardant de plus près, on se rend compte que l'étude de Mehrabian n'avait pas pour objet les prestations orales. Elle s'intéressait aux éléments qui influencent notre jugement d'une personne qui parle de ses propres sentiments -j'aime / je n'aime pas- dans le cadre d'une relation en face à face et en utilisant un ou deux mots. Par exemple, « Je n'aime pas la soupe ». Aussi, à moins d'une extrapolation douteuse, les conclusions de Mehrabian ne s'appliquent-elles pas à la prise de parole en public.

Ainsi, le psychologue Mehrabian le dit fortement lui-même : « Appréciation totale = 7 % d'appréciation verbale + 38 % d'appréciation vocale + 55 % d'appréciation faciale. Veuillez noter que cette équation et les autres équations concernant l'importance relative d'un message verbal et d'un message non verbal viennent d'expériences concernant la communication de sentiments et d'états d'esprit. À moins qu'une personne ne parle de ses sentiments ou de ses états d'esprit, ces équations ne sont pas applicables. »

Par ailleurs, l'étude elle-même a été sujette à des critiques, car réalisée dans un contexte peu rigoureux. Outre le fait que les chiffres sont obtenus en combinant des résultats de deux études différentes, l'expérience oppose simplement des émotions positives à des émotions négatives. De plus, les sujets de l'étude ont été à 100% féminins et au nombre de 10.

Cependant, Albert Mehrabian a mis en avant une notion importante : la congruence ou la capacité à « aligner » le verbal, le visuel et le vocal. Quand vos mots, votre corps, votre voix portent le même message, on peut parler de **congruence**. Et c'est dans cette configuration que vous serez le plus convaincant.

La part réelle du non verbal

Au final, quelle est l'influence du langage non verbal quand vous communiquez ? Elle est difficilement quantifiable, car elle dépend du message et du contexte. Ce qui est certain, c'est qu'il faut bien maîtriser son sujet. De même qu'un acteur ne peut commencer à affiner son jeu que lorsqu'il connaît son texte, un orateur dégage de l'aisance s'il maîtrise son discours.

De plus, l'idée est de partir de ce que l'on est, de notre attitude au quotidien pour l'adapter ou l'améliorer. Chercher à imiter quelqu'un ou à faire croire que l'on est à l'aise si on ne l'est pas serait contre-productif. Cela étant posé, il y a des conseils à suivre lorsque l'on est orateur :

- ne pas fuir le regard de l'audience, ni fixer exagérément une personne ;
- avoir un visage qui s'exprime : des expressions, des sourires, etc.
- ne pas se tenir vouté, ni exagérément droit et figé ;
- bouger avec souplesse sans être hyper actif ;
- éviter de manipuler un objet avec anxiété : type stylo, jouer avec ses cheveux ou se gratter ;
- varier la tonalité de la voix, en fonction des étapes de sa présentation.

Comme Mehrabian mis en avant la congruence, nous insistons, nous également, sur la cohérence : le fond et la forme sont importants. Et tous deux doivent être en parfaite harmonie avec la personne que vous êtes et ce en quoi vous croyez.

Chapitre

2

Comment préparer un discours

Lorsqu'on prend la parole, on cherche à transmettre un message à un auditoire. Il ne suffit pas d'utiliser des mots simples et compréhensibles par tous pour amener l'auditoire à nous comprendre et à nous suivre.

Comment être intelligible ?

Le fait de se faire comprendre lorsqu'on prend la parole ne tient pas seulement à la qualité du langage qu'on utilise, mais aussi à la manière de diriger son discours en fonction de son auditoire.

Structurer sa "pensée" verbale

La conception de la prise de parole varie selon les personnes. En général, on pense : –"*On improvise toujours*". –"Il faut que la pensée devance la parole". –"Parler, c'est penser en même temps". En fait, les usagers de la parole sont confrontés à deux situations : selon les circonstances, la prise de parole prendra la forme d'un exposé oral préparé ou improvisé. L'improvisation est la forme d'expression orale la plus courante dans la vie sociale. La plupart du temps, elle ne pose pas de problème à l'individu. Sauf que, face à des relations professionnelles et dans les moments importants de la vie, on craint souvent de ne pas savoir quoi dire ou comment le dire. Dans parole improvisée, le problème est lié au fait qu'elle ne permet aucune préparation ni aucun délai de réflexion

Que dire alors quand il s'agit de l'improvisation?

Il nous arrive souvent qu'on nous donne l'occasion de parler devant un public sans qu'on y soit préparé. Pas de panique. Dans ce cas, il faut tout simplement utiliser son sang-froid tout en s'appuyant sur un sujet dont on a une parfaite maîtrise liée à son expérience personnellement. Aussi faut-il rappeler que, dans les situations pareilles, la précision, la concision et la brièveté demeurent des atouts indispensables pour réussir son speech improvisé.

En effet, l'improvisation exige la disponibilité d'un contenu qui va servir pour "amorcer" le discours et déclencher des automatismes astucieux.

L'amorce émotionnelle : "*Ca m'a plu parce que...*".

L'amorce rationnelle : "*Ce problème se présente sous deux aspects : [...]*"

Lors de la digression, le discours part du plus général pour aboutir à une conclusion précise.

En effet, il existe trois modes de mise en forme de la pensée :

- La chronologie qui est la mise en ordre la plus simple pour faire part d'un fait divers ;
- Le classement qui consiste à une hiérarchisation des idées -les plus importantes seront évoquées d'abord- ;
- L'association d'idées, en tant que rapprochement des mots par un lien subjectif.

On respecte le déroulement de la "pensée" verbale suivant le même modèle que pour l'exposé écrit :

- Annonce du sujet, cadrage, opinion ;
- Problématique, sujet de la discussion ;
- Développement, argumentation, démonstration ;
- Conclusion.

Conduire une explication

Que ce soit en entretien ou en petit comité, *expliquer c'est donner à autrui les moyens de comprendre, en procédant notamment par :*

- Aller au cœur du problème ;
- Utiliser une terminologie adaptée et des exemples concrets ;
- Avoir une structuration du discours, appropriée au sujet.

Les types d'explication

Quelques questions fondamentales doivent guider l'inspiration en cas d'improvisation.

QUOI ? Pour l'interprétation et la définition d'un sujet.

POURQUOI ? Pour une explication logique : généralisations, causes, évaluation des conséquences et solutions

COMMENT ? Pour une description des mécanismes, des structures, du fonctionnement.

Il est essentiel d'annoncer le sujet et la nature de l'explication que l'on va faire, même si celle-ci est évidemment en rapport avec la question posée. L'explication est un micro-exposé. Nombreuses sont les exigences pour rendre le discours intelligible à l'auditoire, mais d'autant plus pour transmettre le message exact qu'on veut faire passer. On retient que "l'intimité de la parole et du corps" est aussi un paramètre à prendre en compte lorsqu'on développe une explication ou une discussion, quel qu'en soit le contexte.

Sept idées "Forces" pour réussir son explication

1° Déterminer ce que l'on doit ou désire expliciter exactement :

Se poser les questions "qui ?", "quoi ?", "comment ?"

Formuler une problématique du sujet ; exemple, "le problème qui se pose à nous est donc de savoir comment est organisée la formation en entreprise."

2 ° Clarifier les notions sous-jacentes au problème

3 ° Sélectionner les points-clés à développer

4 ° Structurer le raisonnement : énoncer les points-clés par une idée simple en les articulant les uns aux autres. Soit faire des transitions pour assurer plus de fluidité dans le discours. Ex. "L'idée principale est... mais... cependant... donc... " Démontrer ou illustrer par des exemples concrets. Demander si des précisions sont nécessaires lorsque vous ressentez que cela pourrait être le cas. Terminer chaque développement par une récapitulation brève ou par une synthèse.

5° Terminer l'allocution par une synthèse et une conclusion. Ex. "Il apparaît donc que..." ; "Finalement, on peut dire...", " En résumé..."

6°Trouver une entrée en matière qui accroche l'écoute du public :

- raconter une anecdote ou un témoignage
- prendre quelqu'un à témoin
- mettre en évidence un paradoxe
- poser une ou plusieurs questions ouvertes qui poussent à réfléchir (questions "choc")

7° Matérialiser l'explication par un plan écrit du déroulement de la pensée explicative :

- Introduction.
- Orientation (amorce).
- Point-clés.
- Conclusion

NB : Selon le contexte, si vous êtes amené à rencontrer vos auditeurs plusieurs fois dans le cadre d'une formation, par exemple, il est d'un bon esprit pédagogique de pratiquer un "ancrage" en début de séance. L'ancrage consiste à faire, dès la deuxième séance, un bref tour de table pour constater ce qui a été retenu et en établir une synthèse sur le flip- chart. L'ancrage est aussi un bon moyen de vérifier si le message est passé et s'il a été mémorisé. Parce que, plus que de structurer son discours convenablement, ce qui importe est que la communication -message + écoute- ait été effective.

Les astuces pour faire passer un message à son auditoire

Il faut partir du fait que le message est mieux transmis et compris si le discours est organisé et qu'il suit une logique claire. Cependant, il est dit : "C'est le résultat qui compte".

Aussi, dans le meilleur des cas, a-t-on autant recours à une logique cartésienne qu'à une logique de communication.

Sept point-clés tirés des conventions, propres au discours et à la conférence

1° Casser le rythme :

- Prévention pour la clarté
- Thérapie par l'humour

2 ° Répondre aux attentes de l'auditoire :

- Apprendre
- Ressentir des émotions
- Se distraire avec plaisir pour pratiquer l'empathie vis-à-vis des auditeurs

3 ° Jamais vulgaire, mais vivant pour la pertinence, l'à-propos, la mesure

4 ° Porter l'auditoire à des sommets par :

- Bons mots
- Belles images pour exciter l'intérêt, les émotions, la réflexion et consolider la mémoire

5 ° Rester "humain" :

- ne pas lire ses notes
- avoir de la spontanéité et de la répartie
- posséder une parole qui coule de source (l'auditoire ne doit pas ressentir de "cassures" dans le discours, ni une structure trop évidente et / ou rigide)

6 ° Créer l'évènement

- concision et synthèse, plutôt que logorrhée
- suspense

  Ex. Un objet posé sans explication, quelques instants avant d'en parler
- ouverture du sujet en conclusion pour pousser à l'action et inciter à réfléchir

7 ° Le charme de la technique :

- motivation
- positivité + apprentissage permanent
- enthousiasme

La logique de communication

L'intelligibilité du locuteur tient, bien plus qu'au plan, au fait de fondre son discours sur une logique de communication. Il faut partir du contexte dans lequel on va s'adresser et, plus particulièrement, de ceux à qui on doit faire entendre un message. Afin de rendre son élocution intéressante pour le public, il est nécessaire que ce dernier ait l'impression qu'on s'adresse à lui en particulier et tout spécifiquement, à ses intérêts. Ceci est une affaire de préparation, quelque brève soit-elle, et surtout de réflexion.

Voici alors une série de questions que tout bon orateur devrait se poser avant d'intervenir :

Quel est mon objectif ?

- Quel message dois-je faire passer ?
- A quoi dois-je aboutir ?

. L'acquisition de connaissances ?

. La justification d'une opinion ?

. La recherche d'un consensus ou d'un accord ?

. Le désir d'approfondir le sujet ?

. L'action concrète ?

Quelle méthode dois-je adopter?

. L'éducation ou la formation ?

. La plaidoirie ?

. La psychologie ?

. La motivation ?

. La manière forte ?

Comment aborder mon auditoire ?

Eux :

Quels sentiments ont-ils ? De moi ? Du sujet ?

De moi par rapport au sujet ?

Moi :

- Quelle première impression aimerais-je leur faire ?
- Quelle est la première réaction que je veux susciter dans l'auditoire ?
- Comment éveiller l'intérêt ?

De quelle manière mener mon discours ?

- S'ils ne devaient retenir qu'une seule idée ?
- Comment leur faire retenir la substance de mon message ?
- L'une des deux parties -orateur ou auditoire a-t-elle des choses à cacher absolument ?
- Existe-t-il un quelconque rapport de forces ?
- Y a-t-il des sujets à ne pas aborder ?

Comment convaincre ?

- *Sous quel angle présenter les choses ?*
- *Quels sont les intérêts des auditeurs ?*

Quelles réactions faut-il susciter ?

Comment vont-ils réagir vis-à-vis de moi ?

Est-il bon que je me présente à eux comme leur pair ou faut-il que je me différencie ?

Dois-je les influencer et comment ?

Comment ancrer dans leur mémoire ce que je vais leur dire ?

- *Par des illustrations, des supports ?*
- *Par des exemples ?*
- *Par des répétitions de termes ou d'idées ?*
- *Par la provocation, l'exaltation, le jeu de rôle?*
    - Quel est leur intérêt à retenir mon discours ?
    - Comment les persuader de l'intérêt qu'il peut y avoir à m'écouter ?

Et, si vous ne deviez-vous poser qu'une seule et unique question, ce serait " *Quel type de personnage dois-je jouer pour être sûr que ce que je dis a un impact sur eux ?"*

En d'autres termes, la prise de parole en public comporte toujours une part de manipulation. C'est aussi pour cela qu'il est intéressant d'étudier quelques méthodes de persuasion ou la manipulation.

Chapitre

3

Les effets persuasifs

Les effets persuasifs sont des méthodes pour augmenter sa capacité à convaincre des personnes en utilisant des méthodes de présentation de ses arguments. Elles doivent être utilisées à bon escient dans le but d'étayer ses affirmations par des compléments d'information qui ont pour effet de marquer les interlocuteurs, de les faire adhérer et d'aider à contrer leurs oppositions.

Selon e-marketing.fr (2021), face à un auditoire qui peut être opposé à certaines solutions organisationnelles proposées, il faut une bonne capacité à convaincre les gens. Les effets persuasifs, en accentuant certains propos, aident à renforcer notre pouvoir de conviction (https://www.e-marketing.fr/, 2021).

Préparer une présentation selon la méthode SELL

En anglais, « the SELL Method » est l'acronyme des trois étapes que nous vous suggérons de suivre pour vos préstations orales : il s'agit de « Skeleton », « Envelop », « Life and Logistics ». Développée par Alexia Youknovsky, elle permet de créer et délivrer des discours percutants. Utilisée dans plusieurs formations à la prise de parole en public, elle a été testée et approuvée par plus de 2500 chercheurs et innovateurs de tous les continents. Voici un aperçu de ce qui se cache derrière cette recette qui a fait ses preuves (Agent Majeur, 2021).

Qu'ils disposent de 1h20' ou 60 minutes, il n'est jamais aisé de structurer et clarifier son discours. La méthode SELL d'Agent Majeur a été conçue pour eux. En 3 étapes, elle leur permet de préparer des présentations efficaces.

1° S comme Squelette

En premier lieu, il s'agit de « Bâtir les squelettes » de votre discours. Vous commencez par définir le message de votre présentation. C'est ce que votre public doit retenir de votre intervention quand il quitte la salle. Puis, vous construisez un plan et donc un argumentaire autour de ce message.

2° E comme Enveloppe

La 2ème étape s'intitule « Confectionner l'enveloppe ». Elle consiste à « habiller » ce squelette. Vous élaborez le contenu de votre introduction, de votre conclusion et des autres parties du plan. Puis vous préparez des supports de présentation percutants. Votre « Enveloppe » vous permet d'éveiller et maintenir l'intérêt de votre auditoire tout au long de votre intervention.

3° LL comme Life (Vie) et Logistique

Dans la 3ème étape, « Insuffler la vie et soigner la logistique », vous donnez corps à votre présentation. Vous travaillez sur l'aspect non-verbal de votre prise de parole : débit, diction, regard, silence, etc. En limitant votre stress, vous laissez votre personnalité s'exprimer. Ajoutez à cela l'aspect logistique, microphones, lumières ou type de salle, et vous disposez de tous les atouts pour tirer le meilleur parti des occasions qui vous sont offertes de vous exprimer en public.

A quoi sert cette méthode ?

Pour convaincre, il faut parler à votre public de ce qui l'intéresse, être clair et captivant. Vous avez envie de parler de votre travail, de son intérêt technique, des étapes franchies, des difficultés rencontrées, etc. Cela est normal. D'ailleurs, vous connaissez sûrement cette expression reprise dans le parler courant : « *Parlez-moi de moi, il n'y a que ça qui m'intéresse* ». Votre auditoire, lui, veut savoir ce qu'il pourra gagner s'il vous accorde sa confiance. Cette méthode vous aide à vous focaliser sur ce qui intéresse votre public. *Parlez-lui de lui.*

Les sujets techniques sont par nature complexes. Votre rôle est de rendre votre travail simple à comprendre. Avec la méthode SELL, vous **vulgarisez au bon niveau.** Vous adaptez votre contenu au profil des personnes en face de vous. L'attention de votre auditoire n'est pas acquise à l'avance. Elle se mérite ! Avec cette méthode, vous rendez vos propos clairs et mémorables.

Comment la mettre en œuvre ?

N'hésitez pas à commencer à rédiger votre discours 2 à 3 semaines avant l'échéance. Les bonnes idées -celles qui marquent votre auditoire pour longtemps- ne surgissent pas nécessairement au début de votre réflexion.

Une grande partie du travail de préparation se fait sur table, avec du papier et un crayon. Vous réfléchissez à vos propres objectifs et aux attentes de votre auditoire. En fonction de cela, vous définissez votre message. Puis, vous construisez un plan qui soutienne ce message. Dans le livre « *SELL Your Research : Public Speaking for Scientists* » qui décrit la méthode SELL, nous avons compilé de nombreux exemples de messages et de plans qui fonctionnent, en nous appuyant sur des présentations inspirantes de chercheurs et porteurs de projets innovants.

Ensuite, vous élaborez le contenu de votre présentation. Argumentaire, exemples, anecdotes, tout ce que vous utilisez doit aller dans le sens de votre message. Quand votre contenu est clairement défini, vous préparez vos supports de présentation. Si vous utilisez des supports PowerPoint ou des films, c'est à ce moment-là que vous vous mettez devant votre ordinateur.

Enfin, le jour J, vous vous concentrez sur votre préparation vocale et corporelle. Cela peut sembler difficile, de prime abord, de travailler sa communication non verbale, mais de nombreux exercices existent pour développer son aisance. Dans nos formations, nous avons vu de nombreux orateurs passer de « pas prêt » et « stressé » à « superstar de la présentation » en quelques semaines : tout est possible avec du travail et de la technique.

Quels sont les pièges à éviter lors d'une présentation orale ?

1°Modifier la recette

Rendre simples et passionnantes des notions complexes est un travail ardu qui demande beaucoup de la rigueur. On ne peut pas réussir une mayonnaise si on change la recette. Si, par exemple, vous débutez votre préparation en versant de l'huile dans un bol, elle ne prendra pas, même si vous rajoutez votre jaune d'œuf et votre moutarde par la suite. A la place d'une sauce onctueuse, vous obtiendrez un genre de vinaigrette sans intérêt. De même, on ne peut pas préparer une présentation convaincante en débutant par ses supports PowerPoint. La méthode SELL est notre recette pour vos prises de parole en public. Il y a un ordre à respecter pour que la mayonnaise prenne.

2° Faire trop long

On ne vous en voudra pas de faire plus court que le temps qui vous est imparti, même si votre prestation est excellente ! Plus longue, par contre, c'est problématique. Pensez à tous ceux qui ont un avion à prendre, des enfants à aller chercher à l'école, une furieuse envie d'aller fumer une cigarette, etc. Et respectez ce temps précieux dont ils aimeraient disposer à leur guise.

3º Etre trop technique

Un travail de **vulgarisation scientifique** est souvent nécessaire pour amener votre public à s'intéresser à votre sujet. Pour cela, nous vous conseillons d'évaluer le niveau de connaissance de vos interlocuteurs en amont de votre intervention. Minimiser l'emploi du jargon scientifique, créer un lien entre votre discipline et votre public, illustrer vos propos, manier analogies, humour, anecdotes, etc. Voilà autant de « trucs » qui permettront à votre public de mieux vous comprendre.

Le point de vue d'Alexia Youknovsky, quant à ce sujet, révèle : « On demande en permanence aux scientifiques de convaincre, qu'il s'agisse de leur management, des pouvoirs publics, des financeurs [...] Or, il est rare qu'ils aient suivi une formation à la communication scientifique. Souvent, ils ignorent comment s'y prendre pour réaliser des présentations qui vont droit au but. C'est en partant de ce constat que nous avons élaboré la méthode SELL il y a 12 ans. Elle est facile à mémoriser et à appliquer au quotidien. »

Le livre « **SELL Your Research** », édité par Springer, décrit « SELL Method » en détail. Riche de conseils, d'exemples et d'exercices, il vous aide à progresser quand vous prenez la parole en public, que vous soyez un conférencier débutant ou expérimenté.

Chapitre

4

L'orateur

Qui est un orateur

L'orateur est une des pièces maîtresses de la présentation et du schéma de communication, c'est-à-dire le chef d'orchestre qui va :

- Très souvent, concevoir et réaliser le support de la présentation ;
- Analyser le comportement et les feedback du public ;
- Reformuler, si nécessaire, pour être sûr d'être compris dans les moindres détails ;
- Accélérer ou ralentir pour maîtriser le temps alloué à la présentation ;
- Donner vie à l'histoire en renforçant l'émotion portée par le support de présentation ;
- Redynamiser l'attention du public.

A ce titre, Christophe souligne que l'animateur ou mieux l'orateur est certes reconnu, non seulement pour la qualité de son support, mais, aussi et surtout pour la qualité de sa prestation (Christophe, 2015).

Le langage corporel dans un discours

Dans tout discours, vous adressez deux messages bien distincts à votre auditoire : le premier par votre voix, le second par votre apparence, votre attitude et vos mouvements. Or, la recherche montre que plus de la moitié des communications humaines se font de façon non verbale. Lorsque vous parlez devant un groupe, vos auditeurs jugent message et messager, au moins, autant à ce qu'ils voient qu'à ce qu'ils entendent.

Lorsque vous parlez en public, votre langage corporel peut clarifier et donner du poids à vos arguments. C'est votre outil le plus puissant pour convaincre votre auditoire de votre sincérité, de votre engagement et de votre enthousiasme. Toutefois, votre langage non verbal peut annihiler tous vos efforts en contredisant vos paroles ou en distrayant l'attention de votre auditoire (Toastmasters International, 2013).

Que vous cherchiez à informer ou à convaincre, à motiver, à inspirer ou à distraire, vos gestes et votre attitude doivent absolument être en accord avec vos propos. Pour devenir un orateur vraiment efficace, il faut que vous compreniez ce langage muet. Vous ne pouvez jamais vous empêcher de l'utiliser ; le tout est de vous en servir efficacement. Le but de cette section est de vous apprendre à faire de votre corps un véritable outil de communication. Au fil de votre lecture, vous découvrez quelle influence le langage non verbal exerce sur un auditoire, quelles informations il véhicule, pourquoi une gestuelle maîtrisée atténue la nervosité et, surtout, quels moyens employer pour arriver à vous exprimer aussi éloquemment en gestes qu'en paroles. Sont traités de façon spécifique la posture de l'orateur, ses gestes, ses mouvements, les expressions de son visage, son regard circulaire et la première impression positive faite sur son auditoire.

UN GESTE VAUT MILLE MOTS dit-on. Quand vous prenez la parole en public, c'est en principe pour communiquer quelque chose d'important. Pour convaincre, vous devez avoir l'air convaincu, sincère et enthousiaste : vos gestes et expressions doivent confirmer vos arguments. Sinon, vous courez au désastre. Tous les orateurs devraient méditer cette phrase de Ralph Waldo Emerson : « *Ce que vous êtes, parle si fort qu'on n'entend pas ce que vous dites.* » Les personnes à qui vous vous adressez ne jugent pas seulement votre discours : elles vous jugent VOUS. Si elles ne sont pas sûres de votre sérieux et de votre sincérité, elles n'accepteront probablement pas vos arguments. Or, « ce que vous êtes » s'exprime bien plus dans vos gestes et expressions que dans vos paroles.

Tout en vous écoutant, vos auditeurs vont inconsciemment vous observer pour tenter de déterminer si vous

- êtes sincère,
- voulez vraiment leur parler,
- croyez ce que vous leur dites et si vous vous souciez d'eux,
- êtes sûr de vous et maître de la situation.

Le principe d'empathie

Si votre attitude a un tel impact sur vos auditeurs, c'est entre autres parce que l'être humain est doué d'empathie. L'empathie est la faculté de partager les émotions et sentiments d'une autre personne. Lorsque vous parlez, votre public a tendance à calquer votre attitude. Il devine ce que vous ressentez et réagit en conséquence. D'où l'importance de traduire fidèlement vos sentiments dans votre langage corporel. Si vous avez l'air détendu et confiant, vos auditeurs se détendront et se sentiront en confiance. Si vous leur souriez, ils vous trouveront sympathique et vous rendront votre sourire. Plus encore, s'ils sont convaincus de votre sincérité et de votre intégrité, ils vous écouteront attentivement et évalueront votre message objectivement. Au contraire, si vous leur semblez mal à l'aise, ils se crisperont. Si vous froncez les sourcils - même inconsciemment- ils feront la moue. Si vous évitez leurs regards, ils se sentiront exclus. Si vous gesticulez, ils auront l'impression que vous ne maîtrisez pas la situation et ne croiront ni en vous ni en ce que vous leur dites.

Le pouvoir des gestes

En ponctuant votre discours de gestes calculés et expressifs, vous aidez votre public à jauger vos sentiments et votre attitude. Ce n'est d'ailleurs pas le seul avantage d'une gestuelle bien maîtrisée. Les gestes attirent l'attention. L'absence de mouvement tue l'intérêt. Voilà pourquoi les reportages télévisés sont truffés de scènes d'action. Si l'actualité du jour comprend quoi que ce soit de visuellement riche -un incendie, une manifestation, etc. c'est ce reportage-là qui ouvrira l'émission, même si d'autres nouvelles ont plus d'importance. Les téléspectateurs ne regarderaient pas longtemps une succession de journalistes débitant des informations au micro. La radio est là pour ça. Autant l'immobilité ennuie, autant le mouvement excite. Aux réunions du club, de prière ou de toute autre forme, vous avez sûrement remarqué combien le petit remous d'une arrivée tardive distrait l'attention du public pendant un discours. Ajoutez à cela que les gens retiennent mieux un message s'il passe par plusieurs canaux sensoriels à la fois.

L'être humain se fie plus à la vue qu'à l'ouïe ; mais ce qui le frappe vraiment, c'est ce qui touche à la fois ses yeux et ses oreilles. Pour exploiter ces tendances, il suffit que vous insériez, aux endroits critiques de votre présentation, des marqueurs visuels qui en renforcent l'impact et les gravent dans l'esprit de vos auditeurs. Gestes, mouvements et expressions servent mieux si vous en usez à bon escient.

Les gestes et la voix ponctuent la signification, cette dernière étant le sens travaillé d'un mot. La langue écrite possède un vaste répertoire de signes de ponctuation : virgule, point, point d'exclamation, etc. Bien qu'on dit souvent que les mots sont faibles pour exprimer les réalités profondes de l'âme, l'expression orale, elle, dispose toutefois de moyens spécifiques pour faire ressortir les parties importantes du discours et conférer puissance et vitalité aux mots. Les variations de ton constituent son outil premier ; mais les gestes, mouvements et expressions faciales jouent également un rôle capital. Pour produire l'impact optimal, les composantes vocale et gestuelle de cette ponctuation doivent toutefois être bien coordonnées ; car, plus riche est la panoplie d'outils de communication, plus la transmission est efficace. Bouger atténue la tension nerveuse. Il est normal, et même assez sain, d'avoir les nerfs en boule avant un discours. Cela prouve qu'on tient à faire une bonne prestation.

Au fait, beaucoup de vedettes éprouvent un trac terrible au moment d'entrer en scène. Ce que vous ne pouvez pas vous permettre, c'est cette peur panique qui risque de vous paralyser. Peur et nervosité produisent chez l'orateur des réactions de trois ordres : psychologiques, émotives et physiologiques. Celles des deux premiers types se dissipent dès lors que vous avez suffisamment confiance en vous, autrement dit que vous avez une certaine expérience et que vous dominez votre sujet.

Quant aux manifestations physiologiques de l'angoisse, rien ne les tempère comme une gestuelle maîtrisée. Parler en public stimule la sécrétion d'adrénaline, et cette hormone accroît l'énergie nerveuse. Le cœur bat plus vite, la respiration devient plus courte, les muscles se contractent. Si vous n'évacuez pas cet excès de tension, vous paraîtrez nécessairement crispé. Et comme votre corps cherchera par tous les moyens à se décontracter, vous risquez de faire des gestes ou des mouvements involontaires qui distrairont votre auditoire. En vous imposant des gestes calculés, vous mettrez au contraire cette dangereuse énergie au service de votre démarche.

Cinq façons d'améliorer votre langage corporel

La grande question est celle de savoir comment maîtriser vos outils d'expression corporelle -posture, gestes, mouvements, expressions faciales, regard- et les exploiter efficacement dans vos discours. Voici alors cinq règles de base pour développer un langage corporel harmonieux.

1°Supprimez les tics gênants

Ralph C. Smedley, fondateur de Toastmasters International, a écrit : « L'orateur qui se comporte et s'exprime de manière détendue ne lasse jamais son auditoire. Si sa posture et ses mouvements sont souples, ses gestes, légers au point de n'être pas remarqués, il passera pour un maître d'éloquence.» Si vos gestes s'accordent avec votre argumentation, vous renforcez l'impact de votre discours, quand bien même votre auditoire ne les remarque pas. S'ils la contredisent, ils attirent l'attention au détriment de votre propos. L'orateur ambitieux consacre parfois plus d'efforts à élaguer qu'à enrichir sa communication non verbale. Qu'est-ce qu'il doit élaguer ?

Lors de la prochaine réunion ou cérémonie publique, observez bien les orateurs. Vous remarquerez probablement quelques tics gênants chez chacun d'eux. Chez certains, l'excès de nervosité s'exprime dans un balancement, une oscillation, un va-et-vient ou quelque autre mouvement perpétuel du corps entier. Les orateurs novices ou maladroits ont, en outre, tendance à s'accrocher à certains gestes, caresses des doigts, se mordiller ou se lécher les lèvres, faire tinter des pièces au fond d'une poche, grimacer, se passer la main dans les cheveux ou sur les vêtements, tourner constamment la tête comme un ventilateur pivotant, se gratter la tête, etc. Tous ces tics ont ceci de commun : ils extériorisent de manière parfaitement involontaire une anxiété *bien naturelle, mais nuisible.*

Nous sommes en général conscients de nos manies verbales ; mais si nous n'avons jamais eu l'occasion d'enregistrer et de filmer un discours, nous ne connaissons pas nos tics gestuels et ne pouvons donc pas les corriger. Pour les supprimer, il faut d'abord et avant tout procéder à une analyse de son langage corporel. Sauf que, sans aide, c'est quasiment impossible.

2°Restez vous-même

S'il est une règle d'or de l'expression corporelle, c'est bien celle de rester soi-même. Le discours contemporain prend la forme d'une
« Conversation structurée ». On n'entend plus les phrases ampoulées et les envolées lyriques dont les orateurs des temps passés régalaient leur public.

Le but, aujourd'hui, est de communiquer et de partager des idées, pas de prêcher ou de donner un spectacle. N'essayez pas d'imiter qui que ce soit. Laissez simplement votre corps traduire ce que vous pensez, ressentez et dites. Cherchez à être aussi authentique qu'avec vos proches, et tout ira bien, et rien de plus normal que ça.

3° Faites de votre corps le miroir de vos pensées

Dale Carnegie, le « père du discours moderne » a écrit : « Une personne qui se laisse guider par ses sentiments agit naturellement et spontanément, révélant son véritable moi. L'orateur intéressé est d'ordinaire intéressant. » Si votre sujet vous passionne, si vous croyez en vos arguments, si vous voulez vraiment partager vos idées, tous vos gestes en seront imprégnés et s'accorderont d'eux-mêmes à vos propos. Quand on se mobilise pleinement, on s'exprime de manière naturelle et spontanée sans avoir à y penser.

4. Donnez-vous confiance en vous préparant à fond

Rien ne réconforte plus un conférencier que le fait de se sentir maître de son sujet. Cette certitude lui procure un ingrédient essentiel au succès de tout discours public : la confiance en soi. Si vous êtes bien préparé, vous allez vous concentrer sur l'extérieur -les réactions de votre auditoire- plutôt que sur l'intérieur -les effets de votre anxiété. Vous risquerez moins de faire des gestes incohérents. Vous aurez moins de mal à être et à paraître naturel, à agir et à réagir spontanément. Presque sans effort, vous irradierez la sincérité, le sérieux et l'enthousiasme. Répétez tant et aussi longtemps qu'il le faut pour assimiler le sujet, mais n'apprenez pas votre texte par cœur : la concentration requise pour vous rappeler chaque mot serait tellement anxiogène que votre préparation en serait gâchée. Faites simplement en sorte de connaître si bien votre sujet que les mots vous viendront d'eux-mêmes une fois que vous aurez appris le plan de votre présentation.

5° C'est en forgeant qu'on devient forgeron

Trouvez des occasions de vous exercer régulièrement devant un auditoire patient, compréhensif et attentif qui saura relever vos erreurs mais ne vous en tiendra jamais rigueur. Assistez aux réunions le plus souvent possible, prenez-y régulièrement la parole, écoutez attentivement les commentaires de vos évaluateurs, en particulier ceux qui concernent votre expression corporelle. En incorporant les directives contenues dans cet ouvrage, vous maîtriserez graduellement toutes les facettes de la parole en public.

La posture de l'orateur

La position que vous prenez en parlant envoie, à elle seule, un flot d'informations à votre public. Elle exprime mieux qu'aucun autre signe corporel votre état psychologique : votre degré d'assurance, de concentration, de maîtrise de vous-même et de la situation en général. Une bonne posture offre à l'orateur un avantage important. Elle permet de respirer correctement et de projeter la voix efficacement. Elle ancre solidement tous les gestes et mouvements. Elle aide à rester alerte mais détendu ; ce qui atténue, d'ailleurs, la nervosité et réduit les gestes répétitifs ou maladroits qui peuvent distraire l'auditoire.

Qu'est-ce que la posture de l'orateur ?

La meilleure position est celle où on est debout, bien droit mais sans raideur, les pieds écartés d'environ 15 à 30 cm et très légèrement en avant. Distribuez le poids du corps également sur les deux jambes en prenant appui sur l'avant du pied. Penchez-vous légèrement vers l'avant. Dépliez les genoux sans les verrouiller, abaissez les épaules sans les courber, bombez légèrement le torse, rentrez le ventre, levez la tête et le menton sans exagérer. Vos bras doivent pendre naturellement de chaque côté du corps, les doigts à peine recourbés. Maintenant, prenez quelques grandes respirations.

Il est important de préciser qu'un geste est un mouvement du corps qui souligne une idée, révèle une pensée ou exprime une émotion. S'il est possible d'en faire avec la tête, les épaules ou même les jambes, la plupart des orateurs font intervenir le bras ou la main. Les mains sont particulièrement expressives, à condition de savoir s'en servir. Ce qui n'est malheureusement pas toujours le cas. Beaucoup d'orateurs débutants enfoncent les poings dans leurs poches ou croisent les doigts dans leur dos. D'autres expriment inconsciemment leur nervosité par des gestes maladroits qui ne servent qu'à transmettre leur malaise au public. Quelques-uns sont tellement tendus qu'ils gesticulent follement.

La plupart des gestes ont un sens précis. Les littératures nous renseignent que les Indiens d'Amérique du Nord avaient même élaboré tout un langage par signes pour permettre à des tribus parlant des langues différentes de communiquer entre elles. De nos jours, les sourds-muets s'expriment par signes de manière très efficace. La gestuelle diffère toutefois sensiblement d'une culture à l'autre. Les peuples méditerranéens, par exemple, parlent sans arrêt ou presque avec leurs mains. D'autres cultures sont beaucoup plus économes.

Les gestes que nous choisissons de faire et le sens que nous leur donnons dépendent donc aussi étroitement de notre environnement culturel. Leur interprétation est, de même, fonction de la culture du destinataire. Hocher la tête veut dire oui en Occident, mais non dans certaines régions de l'Inde. Dessiner un O avec le pouce et l'index est un moyen classique de signifier son accord aux États-Unis, mais une insulte grossière dans d'autres parties du globe. Un geste qui n'est pas calculé peut être parlant s'il est justifié et bien visible, s'il a le même sens pour le public que pour l'orateur et, surtout, s'il confirme le propos et reflète la personnalité du communicateur.

Il faut préciser que tout bon orateur parle avec des gestes. Et cela, parce que les gestes sont la forme de communication non verbale la plus expressive pour un large public ; aucune autre forme d'expression corporelle n'offre autant de possibilités de rehausser l'intérêt et la clarté d'un discours que le geste. Les gestes clarifient et étayent les arguments des orateurs. Ils donnent du relief aux idées et donc développent et complètent les images verbales dans l'esprit des auditeurs, accentuent et amplifient les paroles. Au point d'exprimer les sentiments et opinions plus clairement que celles-ci ; ils diffusent la tension nerveuse.

En s'adressant à un large public, votre regard et vos expressions faciales ne toucheront pas forcement tous les auditeurs ; vos gestes, si.

La typologie des gestes

Bien qu'on recense une foule de mouvements sous cette étiquette, la plupart de gestes peuvent être classés en quelques grandes familles.

A. *Les gestes descriptifs* servent à clarifier ou à faire ressortir une idée. Ils aident à comprendre les comparaisons et les oppositions, à imaginer les tailles, formes, mouvements, dispositions, fonctions et autres caractéristiques des objets. Les gestes rhétoriques sont employés pour donner de l'emphase. Ils signalent l'ardeur, la conviction. Un poing fermé, par exemple, traduit une émotion forte, une colère ou une détermination.

B. *Les gestes évocateurs* expriment les idées et les émotions de manière symbolique, aidant l'orateur à créer une ambiance ou à transmettre une pensée. Une paume tendue suggère une offrande, une proposition ; un haussement d'épaules, l'ignorance, la perplexité ou l'ironie.

C. *Les gestes mobilisateurs* indiquent à l'auditoire ce qu'on attend de lui. Si vous voulez qu'il applaudisse, levez les mains ou faites un geste donné. Le meilleur moyen de l'obtenir n'est-il pas de donner l'exemple ? Un geste exécuté plus haut que l'épaule évoque la grandeur physique, l'inspiration, l'exultation. Au-dessous, il marque le rejet, l'apathie ou la désapprobation. A l'épaule, il traduit le calme et la sérénité.

Le geste le plus courant est celui de la main ouverte. Son interprétation repose sur l'orientation de la paume. Tournée vers le haut, elle suggère l'acte de donner et de recevoir, mais peut aussi être un pur réflexe sans signification particulière. Tournée vers le bas, elle évoque la dissimulation, le secret, l'achèvement ou la stabilité. Présentée de face, à la verticale, la paume ouverte est signe d'arrêt, de répulsion, de négation, de dégoût. Montrée de côté, perpendiculairement au corps de l'orateur, elle marque une limite de temps ou d'espace, une mesure, une comparaison ou une opposition.

Les règles de l'efficacité gestuelle

Les gestes reflètent la personnalité de l'orateur. Ce qui sert l'un risque de handicaper l'autre. Les six principes suivants valent toutefois pour à peu près toutes les personnes qui souhaitent donner une prestation dynamique et efficace en public.

1°Respectez votre tempérament

Quand vous prononcez un discours, vous employez toujours vos mains pour compléter vos paroles. Nous avons tous le réflexe de parler par signes, quelles que soient notre culture et notre nature. Essayer d'ensevelir ce réflexe sous une chape d'impassibilité est pire qu'inutile : c'est même dangereux, car cela exacerbe la tension nerveuse, selon certains chercheurs. Imiter un modèle livresque ou humain ne vaut pas mieux, car il en résulte un effet artificiel qui peut faire croire au public que vous essayez de le tromper.

2°Morale : faites ce qui vous vient instinctivement

Chez certaines personnes, le naturel s'exprime dans une abondance de gestes ; d'autres sont beaucoup plus réservées. Si vous faites partie des extravertis qui utilisent énormément leurs mains, ne vous en privez pas pendant vos discours. Si vous appartenez à la race des introvertis, ne vous obligez pas à gesticuler sous prétexte que le discours public exige du mouvement.

3°Créez les conditions du geste, pas le geste lui-même

Vos gestes doivent être une projection instinctive de vos pensées et de vos émotions. Il faut qu'ils aient l'air d'être un écho de votre point de vue personnel sur le message que vous livrez. Pendant votre discours, communiquer doit être votre seul souci ; vos mains sont la dernière chose à laquelle vous voulez penser. Vous devez faire en sorte que chaque geste semble aller de soi. C'est en vous plongeant dans votre sujet que vous réussirez à créer les conditions qui vous permettront de trouver à tout coup l'équivalent gestuel du mot juste.

4°Adaptez vos gestes au sujet et aux circonstances

Vos messages visuels et verbaux doivent être parfaitement concordants ; sinon, votre discours paraîtra indigeste, artificiel, voire comique. Chaque geste doit être justifié et adapté à votre propos, afin que le public remarque l'effet, non le mouvement lui-même.

5°Calculez bien la force et la fréquence de vos gestes

Les mouvements vigoureux ou emphatiques seront réservés aux situations fortement teintées d'émotion. Faites également attention aux caractéristiques du public. En règle générale, plus celui-ci est nombreux, plus vos gestes seront amples et lents. S'il est relativement jeune, il appréciera probablement un style dramatique ; mais s'il comporte une forte proportion de gens âgés ou conservateurs, il risque d'être agacé par une gestuelle grandiloquente.

Les contraintes spatiales doivent également être prises en compte. Il va de soi qu'on évitera les mouvements amples si on a peu de place pour bouger. L'exemple classique, c'est la table d'honneur où des invités sont assis coude à coude avec l'orateur. Faites des gestes convaincants Pour produire l'impression désirée, un geste doit être vif et complet. Un mouvement furtif ou bâclé vous fera passer pour dubitatif ou indifférent. Les mouvements de la main s'amorcent toujours à l'épaule, jamais au coude, car il faut éloigner le bras du corps pour rendre le geste visible.

6° Ne raidissez ni le poignet ni les doigts

Un geste efficace est ferme ; c'est ce qui le rend persuasif, mais assez ample et lent pour être bien visible. Il s'insère harmonieusement dans une succession non programmée de mouvements clairement différenciés, mais jamais saccadés.

7° Synchronisez gestes et paroles

Tous les gestes se décomposent en trois parties : l'amorce, le mouvement, le repli. Durant la première, le corps quitte sa position d'équilibre et se prépare à exécuter le geste. La seconde correspond au geste proprement dit. La troisième ramène le corps à sa position de départ, en équilibre dynamique. L'enchaînement équilibre-amorce-mouvement-repliéquilibre doit être exécuté si harmonieusement que seul son élément central -le mouvement- attire l'attention du public.

Le choix du moment est, tout comme dans la chute d'une plaisanterie, aussi important que le geste en soi. Le mouvement doit tomber pile, ni avant ni après le mot qu'il est censé accompagner. L'amorce, elle, peut débuter longtemps avant ; il est d'ailleurs possible de susciter une intéressante expectative en amorçant un geste plusieurs secondes avant d'arriver au fait et en suspendant l'exécution du mouvement jusqu'à l'instant voulu. Pour revenir à votre position de départ, vous n'avez en général qu'à laisser retomber les bras le long du corps, sans précipitation, bien entendu.

N'essayez pas de mémoriser des gestes en prévision d'un discours. Vous avez toutes les chances de les exécuter à contretemps parce que vous utiliserez comme signal d'amorce le mot que vous voulez ponctuer ; du coup, vous ferez le mouvement trop tard et aurez l'air ridicule. Entraînez-vous à réagir de façon naturelle et spontanée. Pour acquérir de bonnes habitudes gestuelles, il faut d'abord que vous sachiez ce que vous faites actuellement.

Prenez la fiche d'évaluation vers la fin de ce chapitre et demandez à un de vos amis ou collègues de la remplir en vous observant pendant un discours. Vous saurez ainsi si vous avez de mauvais « réflexes ». Si oui, vous devrez vous en débarrasser. Comment ? Par la pratique, évidemment ! Mais n'attendez pas le jour du discours pour commencer.

Travaillez votre gestuelle devant le miroir, vos amis, vos frères et sœurs en Christ, votre famille, vos collègues de travail. Ne réprimez pas vos impulsions : vous avez envie de faire un geste, allez-y ! Laissez votre corps réagir comme il l'entend à vos pensées et à vos paroles. Sachant ce que vous devez corriger, vous développerez de bonnes habitudes gestuelles mais si vous vous appliquez vraiment.

Les mouvements

Rien ne frappe plus un auditoire qu'un mouvement du corps entier. Déplacements et changements de posture peuvent donc constituer un atout maître, mais aussi un handicap majeur pour l'orateur. Si vous réussissez à faire des mouvements maîtrisés et signifiants pendant vos discours, vous en retirez au moins trois avantages. Primo, ils tendent à confirmer et renforcer vos propos. Secundo, ils parviennent presque toujours à attirer et retenir l'attention du public. Tertio, rien n'aide davantage à atténuer la tension nerveuse et musculaire. Mal exécutés, en revanche, ils se retournent immanquablement contre vous. Si vous voulez bénéficier de leurs avantages sans pâtir de leurs inconvénients, la règle à suivre est simple: ne bougez jamais sans raison. L'œil étant irrésistiblement attiré par le mouvement, tout changement de posture ou de position retiendra l'attention. S'il a rapport avec le discours, il excitera l'intérêt et donnera plus de relief à vos propos. Il s'agit donc de bouger juste assez pour garder son attention sans lui faire perdre le fil du discours.

Cependant, les mouvements involontaires retiennent l'attention eux aussi. Or, quand il est sous tension, le corps est capable de presque tout faire pour se détendre. C'est ce qui explique que tant d'orateurs novices se bercent, se balancent ou fassent les cent pas sans s'en rendre compte. Si parler en public vous angoisse, essayez d'incorporer un certain nombre de mouvements voulus dans votre prestation ; en soulageant la tension physique à laquelle votre corps est soumis, ils vous éviteront peut-être de développer des tics corporels gênants.

Les mouvements permettent par ailleurs de clarifier le message verbal. Leur effet est certes moins précis que celui d'un geste calculé, mais ils complètent en général très bien le discours. Un pas en avant, par exemple, suggère que vous allez aborder un point important. Un pas ou deux en arrière, et vous signifiez de manière limpide que vous avez fini d'exposer une idée et que vous allez laisser à votre auditoire un petit moment pour assimiler le tout. Un pas de côté marque une transition : vous changez du sujet.

Dans certains cas, vous pouvez même mimer ce que vous êtes en train de dire. Imaginez que vous vouliez décrire le geste d'un lanceur ou l'effort d'un coureur en vue de la ligne d'arrivée. Quoi de mieux qu'une illustration vivante de votre propos pour faire passer le message?

La dernière fonction des mouvements est la plus simple, mais non la moins utile : vous déplacer. Le plus souvent, vous allez changer de position pendant votre exposé. Si vous utilisez des diapositifs (slides) ou des graphiques, vous devrez circuler devant l'écran ou le tableau. Dans ce cas, tout l'art consiste à marcher sans précipitation, de manière naturelle et décontractée. Le moment venu, avancez d'abord le pied le plus proche de votre but. Si vous voulez aller vers la gauche, faites le premier pas du pied gauche. Surtout, évitez de croiser les jambes à ce moment crucial !

Le visage

Si l'impassibilité est un atout majeur pour la plupart des joueurs de poker, pour l'orateur, en revanche, c'est un terrible handicap. Durant une prestation, les gens observent attentivement le visage de la personne qui parle pour y chercher le plus souvent des indices sur le sens profond de son discours. Le visage est en effet un formidable révélateur de *non-dit*. Prenons un exemple. Un ami vous dit avec un large sourire : « Tu es cinglé. » Allez-vous vous vexer ? Sans doute pas. Vous y verrez plutôt une marque d'affection. Mais s'il le dit en pinçant les lèvres d'un air dégoûté, alors vous aurez raison d'être contrarié. Les mots ne changent pas ; mais le sens, oui.

Quand vous parlez, votre visage exprime mieux que toute autre partie du corps vos opinions, vos sentiments et vos émotions. D'après les spécialistes du comportement, l'être humain reconnaît au premier coup d'œil sur le visage de ses semblables des sentiments aussi différents que la surprise, la peur, la joie, la confusion, le dégoût, la curiosité, l'incrédulité, la colère et la tristesse. Votre visage est donc pour vos auditeurs un véritable baromètre psychologique. Rien d'étonnant qu'ils y guettent les preuves de votre sincérité, de votre adhésion au message que vous communiquez, de votre désir de convaincre. D'où, *la nécessité de réprimer sans pitié toute mimique sans rapport avec vos pensées profondes, particulièrement ces petits tics qui font si facilement surface quand on est nerveux.*

De même qu'un orateur trop tendu cherche l'apaisement dans une foule de gestes et de mouvements gênants, de même il peut essayer de se calmer en faisant travailler ses muscles faciaux. Quelques exemples au hasard : se lécher ou se mordiller les lèvres, serrer les dents, retrousser les coins de la bouche, plisser le front, les yeux, etc. Le public y voit toujours un signe de nervosité, d'insécurité, d'inexpérience ou d'impréparation. Il devient anxieux et n'écoute plus attentivement le message verbal de l'orateur. Si vous souffrez de tics de ce genre, le premier remède consiste à maîtriser le mieux possible votre appréhension.

Plus vous vous serez investi dans votre préparation, plus il vous sera facile d'irradier l'assurance et la sérénité. Pour exprimer la sympathie, rien ne vaut le bon vieux sourire. Attention : on risque de vous prendre pour un étourdi si vous avez l'air hilare en traitant un sujet grave. Évitez donc *les sourires incongrus*, mais allez-y hardiment le reste du temps. Vous montrez par-là à vos auditeurs que vous êtes heureux de partager vos idées avec eux, que vous y prenez réellement plaisir et que leurs idées et opinions vous intéressent.

Cependant, il n'y a pas de règle ferme concernant l'expression du visage. Si vous dominez votre pudeur naturelle, que vous réagissez spontanément à ce qui vous vient à l'esprit, vous prendrez tout naturellement l'expression qui convient. Vous paraîtrez sincère, convaincu et crédible.

Le regard circulaire

Tout ce dont nous avons parlé jusqu'à présent, l'attitude, la posture, les gestes, les mouvements, l'expression du visage apportent un précieux complément visuel aux mots. Mais le principal outil de communication de l'espèce humaine après la voix, c'est *le regard*. Pourquoi devez-vous regarder vos auditeurs dans les yeux ? Parce que c'est la meilleure façon de les mobiliser, de les impliquer personnellement dans votre démarche. A contrario, il n'y a pas de manière plus sûre de rompre le lien avec vous que de fuir leurs regards. Qu'il fasse partie d'une foule ou d'un petit cercle, chaque auditeur veut croire à son importance, sentir qu*'un lien particulier l'unit à l'orateur*, que les arguments visent à le convaincre, lui. N'oubliez jamais que dans sa version contemporaine, le discours est une conversation structurée. Tout comme le membre d'un groupe se sent exclu lorsque la personne qui parle évite son regard, de même vos auditeurs se croiront négligés si vous ne regardez jamais aucun d'eux droit dans les yeux. Dans la plupart des cultures, soutenir le regard de son interlocuteur est interprété comme une marque de franchise. Parler en détournant systématiquement les yeux passe au contraire pour un signe d'indifférence, de doute, de dissimulation ou de traîtrise.

Les mêmes associations psychologiques valent pour la parole publique. D'après une enquête, les orateurs qui fixent leurs auditeurs sont perçus comme plus francs, honnêtes, crédibles, sympathiques et compétents que ceux qui évitent tous les regards. La seule façon de persuader votre public de votre sincérité, de votre intérêt, de votre désir de lui faire partager votre point de vue, c'est de soutenir sans broncher les regards tournés vers vous.

Pendant une allocution, vos yeux vous servent aussi de dispositif de mobilisation. En fixant vos auditeurs, vous les obligez à vous écouter plus attentivement. Alors que si vous évitez leurs regards, ils laisseront leurs yeux et leurs pensées vagabonder. En effet, cette mobilisation par le regard est une formidable source de motivation et d'énergie. Devant l'intérêt que suscite votre message, vous ne pouvez qu'être encouragé et rassuré.

Regarder les gens dans les yeux a un autre avantage crucial: celui de dissiper la nervosité. Car, au fond, qu'est-ce qui vous rend nerveux ? Le plus souvent, la peur de l'inconnu. En scrutant les visages dans l'assistance, vous vous familiarisez avec votre public. Vous réalisez aussi que la plupart de ses membres sont sincèrement intéressés par ce que vous dites. Et votre angoisse se dissipe comme par magie. En plus de mobiliser l'attention, vos yeux captent les réactions et humeurs de vos auditeurs, vous permettant à chaque instant d'évaluer votre prestation. Ils transforment ainsi le discours en échange ou en partage avec plus de chance de réaliser une communication, celle-ci étant un processus de la création de compréhension entre les parties en interaction.

Comprend-on bien ce que vous êtes en train de dire ? Vous écoute-t-on attentivement ? Accepte-t-on vos arguments ? Autant de questions auxquelles votre regard circulaire peut vous apporter une réponse. Si vous savez précisément comment votre auditoire reçoit votre message, vous pouvez modifier votre présentation en conséquence. Les orateurs chevronnés y voient même le principal avantage d'un bon contact oculaire. Plus finement vous jaugez les réactions de l'auditoire et adaptez votre exposé, plus vous êtes efficace.

Il sied de préciser que, l'un des secrets majeurs de faire parler ses yeux demeure dans une bonne préparation de son sujet, car cela procure au speaker le maintien d'un rapport visuel efficace avec son auditoire. Vous devez connaître votre sujet si parfaitement que vous n'ayez aucun effort à faire pour vous remémorer le fil de votre discours. Vous devez être tourné vers votre public et non être replié sur vous-même et vos incertitudes. Si vous pouvez vous passer de notes, parfait ! Mais il n'y a pas de mal à garder par devers soi un plan ou un petit aide-mémoire dans la mesure où il n'est pas une béquille, un substitut à une préparation et à une répétition suffisante.

Utilisées à bon escient ; les notes ne vous empêcheront pas d'établir un rapport visuel solide avec votre public. Les orateurs expérimentés profitent, par exemple, des pauses naturelles -un éclat de rire du public, un silence au terme d'un raisonnement complexe- pour jeter un coup d'œil à leur feuille. Cela marche très bien si les notes se résument à quelques mots clés ou symboles évocateurs, en marge d'un plan. Si vous connaissez votre sujet, cela vous permet de vous rafraîchir la mémoire sans rompre le contact oculaire avec l'auditoire.

Établissez un rapport personnel avec votre auditoire, car vous ne pouvez pas vous contenter de laisser votre regard errer d'un visage à l'autre. Vous devez regarder vos auditeurs droit dans les yeux, établir un lien personnel avec eux. Pour y arriver, choisissez-vous mentalement un « interlocuteur » dans l'auditoire et imaginez-vous que vous ne parlez qu'à lui. Regardez-le assez longtemps pour créer un lien –cinq à dix secondes, la durée d'une phrase ou d'une idée–puis passez à un autre auditeur et recommencez. Avez-vous déjà vu un orateur qui tourne la tête par saccades comme une marionnette ou balaie la pièce des yeux comme un ventilateur pivotant ? Déplacer son regard, c'est bien, pas de façon mécanique !

Quand vous faites face à un public de la taille des auditoires au club d'amis, il n'est pas très difficile de créer un rapport personnel avec chacun des auditeurs. Avec une foule de plusieurs centaines ou milliers de personnes, c'est évidemment impossible. Le secret consiste alors à choisir une ou deux personnes dans chaque secteur et à s'en servir comme ancrages visuels. Si vous parvenez à établir un bon rapport avec elles, tous ceux qui se trouvent à proximité auront le sentiment que vous vous adressez à chacun d'eux personnellement.

Surveillez les réactions du public

Pendant que vous parlez, vos auditeurs émettent sans arrêt des messages muets. Servez-vous de vos yeux comme dispositif d'alerte. Si vous savez ce qu'on pense de votre discours, vous pourrez adapter votre présentation en conséquence. Les gens qui ne vous regardent pas ne vous écoutent peut-être pas non plus. Est-ce qu'ils vous entendent, d'abord ? Si vous n'avez pas de micro, haussez le ton pour voir s'ils lèvent les yeux vers vous. Peut-être aussi vous trouvent-ils monotone. Essayez une pointe d'humour, un changement de ton, quelques mouvements ou gestes calculés pour voir s'ils sortent de leur apathie. Ont-ils l'air perplexe ? Vous devriez peut-être élaborer davantage. Observez bien leurs visages en donnant ce complément d'information : s'ils s'éclairent, vous pouvez poursuivre.

N'oubliez pas que les gens ont tendance à copier l'orateur. Souriez donc pour voir s'ils ne se dérideraient pas, eux aussi. Idem pour les gens qui se trémoussent sur leur siège : vous êtes peut-être la cause de leur malaise par vos tics inconscients. Par contre, si les visages levés vers vous sont souriants, détendus, attentifs, ne touchez à rien : vous êtes en train de faire un excellent travail !

Comment faire bonne impression

Nous le disons souvent qu'***on ne fait pas souvent deux fois une bonne impression.*** Pour tout simplement soutenir que la première impression compte beaucoup pour ceux qui vous écoutent et demeure donc critique. L'être humain ne peut pas s'empêcher de juger ses semblables sur les apparences, et ce jugement colore durablement son attitude. Au moment où vous prenez la parole, vos auditeurs ont déjà une opinion qui influera fortement sur le succès de votre présentation. Il s'agit donc de produire au départ une impression favorable et conforme au message que vous allez livrer. Vous voulez que votre public vous apprécie, vous croie et vous écoute, non ? Un auditoire composé en majorité d'étrangers, des gens méconnus frustre très souvent, car la première impression qu'il aura de vous sera absolument cruciale.

C'est à ce point qu'il faut penser sérieusement à votre apparence. Que cela vous plaise ou non, votre apparence conditionne fortement le jugement d'autrui. Le message silencieux qu'elle transmet à votre auditoire a une influence déterminante sur l'efficacité de votre travail de communication. Vous ne pouvez pas changer votre âge, votre taille ou les traits de votre visage, mais vous paraîtrez toujours à votre avantage si vous soignez votre tenue vestimentaire et votre forme physique.

Ce vaste sujet ne saurait être traité en détail ici ; du reste, la mode et les goûts changent, parfois radicalement, d'une époque, d'un endroit et d'une catégorie sociale à l'autre. Nous nous contenterons donc d'énumérer quelques règles qu'on pourrait qualifier d'universelles.

Retenez que votre tenue vestimentaire doit être au moins aussi élégante que celle de la personne la mieux vêtue dans votre auditoire. Si vos auditeurs sont censés être en complet ou en tailleur, portez l'habit ou la robe qui vous attire le plus de compliments. Choisissez des vêtements de bonne coupe, qui flattent votre silhouette, et veillez à ce qu'ils soient impeccables. Évitez les bijoux qui brillent ou tintent au moindre mouvement : vous risqueriez de distraire votre public. Dans la même veine, videz vos poches des objets qui les gonflent visiblement ou sont susceptibles de s'entrechoquer bruyamment comme les pièces de monnaie et trousseaux de clés.

Les gens font instinctivement confiance à un orateur qui respire la santé et paraît plein de vitalité. La recherche a démontré que les auditeurs associent le bien-être d'un orateur à la justesse de son message. Aussi, surveillez votre alimentation et faites de l'exercice régulièrement. Notez que l'auditoire commence à vous juger avant même que vous lui ayez été présenté. Vous devriez donc avoir terminé tous vos préparatifs avant l'arrivée du public. Pas question qu'on vous surprenne en train de réviser vos notes. Mêlez-vous plutôt aux gens avec toute la chaleur et la confiance que vous entendez projeter durant votre discours. Suivez attentivement et poliment tout ce qui se passe avant votre présentation. Si l'attente vous rend nerveux, respirez profondément. Un expert recommande de contracter et relâcher discrètement ses muscles. Le public ne le remarquera pas, et vous dissiperez la tension qui vous habite.

Dans toute prestation, la première minute est la partie la plus critique, surtout si l'orateur n'est pas connu de l'auditoire. Durant ces soixante secondes, les gens vont décider, peut-être irrévocablement, de votre sort : paraissez-vous sûr de vous, sincère, sympathique, motivé, digne de leur intérêt ? ***Le verdict sera fondé essentiellement sur les apparences.*** Dès qu'on vous invite à prendre la parole, marchez d'un pas ferme mais posé jusqu'à la place qui vous est réservée. Prenez la posture de l'orateur sitôt votre but atteint. Une fois que vous êtes bien campé sur vos jambes, cherchez le regard d'un auditeur et souriez largement pour créer une bonne ambiance. Faites un minimum de gestes et de mouvements pendant les premières minutes : laissez aux gens le temps de s'habituer à vous.

Aussi faut-il rappeler qu'en tant qu'orateurs, nous parlons deux langages à la fois, l'un verbal et l'autre visuel. Pour maximiser la cohérence de ce double message, certains d'entre nous devront non seulement amplifier leurs gestes et leurs expressions, mais aussi développer un regard circulaire. D'autres devront moduler ces aspects de leur expression corporelle. Ce qui est sûr, c'est que, quels que soient votre « coffre » et votre éloquence, vous décuplerez l'intérêt et l'efficacité de vos prestations si vous maîtrisez aussi le langage muet de votre corps.

Fiche d'évaluation de votre expression corporelle

Catégorie	Note					Catégorie
Posture -						**Posture +**
Crispée/anxieuse	**1**	**2**	**3**	**4**	**5**	Sereine
Instable	**1**	**2**	**3**	**4**	**5**	Solide
Inconfortable	**1**	**2**	**3**	**4**	**5**	Confortable
Avachie	**1**	**2**	**3**	**4**	**5**	Droite
Raide	**1**	**2**	**3**	**4**	**5**	Détente
Gestes						**Gestes**
Artificiels/Forcés	**1**	**2**	**3**	**4**	**5**	Naturels
Incohérents	**1**	**2**	**3**	**4**	**5**	Justifiés
Mous	**1**	**2**	**3**	**4**	**5**	Vifs
Furtifs	**1**	**2**	**3**	**4**	**5**	Amples
Vagues	**1**	**2**	**3**	**4**	**5**	Précis
Contredisant Les arguments	1	**2**	**3**	**4**	**5**	Etayant les arguments
Mouvements						**Mouvements**
Ternes/Sans vie	1	**2**	**3**	**4**	**5**	Souples/animés
Maladroits	1	**2**	**3**	**4**	**5**	Gracieux
Incohérents	1	**2**	**3**	**4**	**5**	Justifiés
Nuisent à la concentration	1	**2**	**3**	**4**	**5**	Favorisant la concentra-tion
Expressions						**Expressions**
Impassible	1	**2**	**3**	**4**	**5**	Amicale
Hostile	1	**2**	**3**	**4**	**5**	Animée
Fausse	1	**2**	**3**	**4**	**5**	Naturelle/Franche
Incongrue	1	**2**	**3**	**4**	**5**	Appropriée
Contact Visuel						**Contact Visuel**
Forcé/Artificiel	1	**2**	**3**	**4**	**5**	Naturel
Mécanique	1	**2**	**3**	**4**	**5**	Non prévisible
Ne créant pas de rapport	1	**2**	**3**	**4**	**5**	Créant un rapport

Source : www.toastmasters.org

Chapitre
5

Prendre confiance en soi

D'après Ralph Waldo Emerson, la confiance en soi est le premier secret du succès (Modèle de lettre gratuit, 2021). Tout simplement parce que la confiance en soi n'est pas quelque chose d'inné. Certes, pour certains, c'est plus facile. Ou cela semble plus facile. Mais ayez cela à l'esprit : la confiance en soi est quelque chose qui s'apprend avec du temps et de la volonté. Une des clés du succès est la confiance en soi. Une des clés de la confiance en soi est la préparation (Ashe, 2021).

Retenez cette citation indirecte et, surtout, intégrez cette idée : ***la confiance est quelque chose qui s'acquière et se prépare.*** Avoir confiance en soi, c'est ce sentiment de sécurité que l'on ressent lorsque l'on se fie à quelqu'un ou à quelque chose. C'est aussi l'assurance que l'on a en ses propres possibilités. Manquer de confiance en soi, c'est bien souvent se dévaloriser aux yeux des autres, et parfois même, se déprécier. A l'inverse, en avoir trop peut nous faire passer pour quelqu'un de suffisant et d'arrogant. Comment trouver le juste milieu ? Comment être sûr de vous sans pour autant vous surestimer ?

Dans cette même lancée, Philip Carter et Ken Russell (Russell, 2021) nous propose 25 questions pour évaluer notre confiance en nous, afin de trouver un bon équilibre.

1 ère question : Participeriez-vous à un jeu télévisé ?

- Je ne sais pas
- Non
- Oui

2ème question : Prononcer un discours lors du mariage de votre meilleur(e) ami(e) ne vous embarrasse-t-il absolument pas ?

- Je ne sais pas
- Non
- Oui

3ème question : Êtes-vous une personne particulièrement positive ?

- Je ne sais pas
- Non
- Oui

4 ème question : Aimeriez-vous piloter un avion ?

- Je ne sais pas
- Non
- Oui

5 ème question : Aimeriez-vous rencontrer des personnes de sang royal?

- Je ne sais pas
- Non
- Oui

6 ème question : Au bureau, vous êtes-vous déjà opposé à votre supérieur ?

- Je ne sais pas
- Non
- Oui

7 ème question : Être vu(e) nu(e) par vos amis ne vous dérange-t-il pas ?

- Je ne sais pas
- Non
- Oui

8 ème question : Contrediriez-vous un(e) contractuel(le) si vous pensiez avoir raison ?

- Je ne sais pas
- Non
- Oui

9 ème question : Pensez-vous que l'attaque est la meilleure des défenses?

- Je ne sais pas
- Non

- Oui

10 ème question : Conduire lorsque le trafic routier est dense ne vous dérange-t-il pas ?

- Je ne sais pas
- Non
- Oui

11 ème question : Êtes-vous en confiance quand vous traversez la rue ?

- Je ne sais pas
- Non
- Oui

12 ème question : Prendriez-vous le ferry par temps houleux ?

- Je ne sais pas
- Non
- Oui

13 ème question : Vous arrive-t-il d'être impitoyable ?

- Je ne sais pas
- Non
- Oui

14 ème question : Les hommes ou les femmes de pouvoir ne vous impressionnent-ils pas ?

- Je ne sais pas
- Non
- Oui

15 ème question : Ignorez-vous les signaux d'avertissement ?

- Je ne sais pas
- Non
- Oui

16 ème question : Accepteriez-vous un poste plus difficile ?

- Je ne sais pas
- Non
- Oui

17 ème question : Aimeriez-vous passer en direct dans une émission de télévision ?

- Je ne sais pas
- Non
- Oui

18 ème question : Pensez-vous être plus intelligent(e) que la moyenne?

- Je ne sais pas
- Non
- Oui

19 ème question : Dirigeriez-vous une pièce de théâtre ?

- Je ne sais pas
- Non
- Oui

20 ème question : Pourriez-vous être pilote lors d'un rallye automobile?

- Je ne sais pas
- Non
- Oui

21 ème question : Vous promèneriez-vous dans un cimetière la nuit ?

- Je ne sais pas
- Non
- Oui

22 ème question : Monteriez-vous dans un tout petit avion ?

- Je ne sais pas
- Non
- Oui

23 ème question : Aimeriez-vous être un politicien ?

- Je ne sais pas
- Non
- Oui

24 ème question : Marcheriez-vous sur une corde tendue ?

- Je ne sais pas

- Non
- Oui

25 ème question : Affronteriez-vous un cambrioleur ?

- Je ne sais pas
- Non
- Oui

En analysant soigneusement vos réponses, vous pouvez vous identifier en quelqu'un qui a soit les potentiels à affronter les défis ou carrément quelqu'un de timide ou peureux.

Les secrets des grands orateurs

D'après Sarah, les grands orateurs ont certains secrets dans leur prise de parole en public, car on a beau lire tous les livres possibles à ce sujet, rien ne vaut l'expérience lorsqu'il s'agit de s'exprimer en public. Voici les leçons qu'ont tirées les orateurs les plus aguerris de l'exercice de la mise en application des secrets de bons speakers (Sarah, 2020):

1º Répétez, répétez, répétez

Il existe de nombreuses raisons pour planter un discours: un problème technique, un public non attentif, etc. La seule chose sur laquelle vous avez un contrôle total, c'est le temps que vous consacre à la préparation de votre prise de parole. Si vous avez l'impression d'être à l'aise en répétant tout seul, pensez à tous les paramètres qui pourraient vous perturber en direct, et répétez votre discours encore une fois et encore.

2º Intégration du silence

Avec le stress, on a souvent tendance à vouloir «meubler», de peur de bafouiller ou de perdre le fil de ses idées. Au contraire, il est primordial de marquer des pauses. Non seulement cela vous permet de vous rassembler et d'anticiper sur votre prochaine phrase, mais, surtout, cela donne du poids à vos paroles. Le président Obama maîtrise à la perfection l'art du silence, comme en témoigne son discours, suite à l'attentat à Orlando en juin 2016.

Vous pensez en faire trop? Pour chaque minute de discours, Churchill consacrait 1h de préparation. Vous devez parler durant 45 minutes ? Prévoyez 45 heures de préparation.

3° Assurez la première minute

Les 60 premières secondes sont cruciales pour «accrocher» votre public. Les études montrent que si au-delà d'une minute, votre auditoire ne connait toujours pas le message principal de votre discours, vous avez de grandes chances de perdre son attention. Commencez par une histoire personnelle, à laquelle tout le monde peut s'identifier, pour introduire le point principal de votre allocution.

4° Restez naturel

Rien de pire que de repérer une personne qui baille pendant que vous vous adressez à votre public ou de voir quelqu'un sortir son téléphone au moment de la révélation de votre « grande idée ». Pour ne pas vous laisser déstabiliser, concentrez-vous sur les personnes qui semblent adhérer à votre message. Cela vous permet également de vous exprimer de manière plus naturelle.

On a souvent tendance à se représenter le public comme une entité globale à qui l'on devrait s'adresser d'une manière différente que dans la vie. Rappelez-vous donc que vous vous adressez simplement à des gens, à qui il vaut mieux parler avec naturel, en restant vous-même. Comme si vous essayiez de les convaincre autour d'un café. Ronald Reagan le confirme : « Adressez-vous bien à votre public, ne regardez pas au-dessus d'eux ou à travers eux. Utilisez des mots de tous les jours.
Je n'ai jamais oublié la vision des hommes assis au café, tous réunis avec attention autour de la radio. »

5º Trouvez 3 visages amicaux

Les bons speakers se servent beaucoup de leur regard pour créer une connexion avec chaque membre du public. D'une manière très pragmatique, repérez une personne qui se montre réceptive à votre discours dans la partie gauche, une au centre et une dans la partie droite de votre auditoire. Elles seront des points d'accroche rassurants lorsque vos yeux balayeront la salle.

6º Faites-les rêver

Comme dans une histoire, un discours doit être structuré pour tendre vers une idée. Dans la TED Talk de Nancy Duarte, cette spécialiste de l'art oratoire et du storytelling, explique comment il s'agit d'alterner entre ce qui est et ce qui pourrait être (What is vs what it could be). Ce motif se retrouve dans la mythologie, la musique classique et les discours des plus grands orateurs de notre temps, comme Martin Luther King et Steve Jobs.

7º Parlez avec votre corps

Le contact physique et visuel, les expressions faciales et tout ce qui participe au langage corporel doivent absolument être pris en compte dans la préparation d'un discours. Votre attitude physique peut donner de nombreux signes implicites à votre auditoire. Ils indiquent si vous êtes sincère, si vous croyez à vos idées ou si vous avez confiance en vous.

8º Bougez!

L'attention du public doit être constamment stimulée afin qu'il ne se déconcentre pas. Le mouvement force le système nerveux à rester en alerte. Si vous bougez sur scène, les yeux des spectateurs doivent vous suivre. Utilisez l'espace pour mettre en valeur vos paroles : approchez-vous et parlez moins fort pour créer de l'intimité. Devenez immobile lorsque vous voulez donner de la force à vos mots. Puis revenez au centre de la scène pour reprendre le thème principal de votre discours.

Identifier votre style de discours

Pensez à un orateur que vous n'oublierez jamais. Qu'est-ce qui est si mémorable chez lui ou chez elle ? Pensez ensuite au pire orateur que vous ayez jamais entendu. Qu'est-ce que chaque personne a fait ou n'a pas fait qui vous a dégoûté ? Vos évaluations de ces orateurs se répartissent probablement en catégories distinctes. D'une manière générale, il existe trois différents styles de présentation: le présentateur cool, le présentateur chaud et le présentateur terne.

Le présentateur cool capte l'attention de l'auditoire avec une persuasion claire et nette. Pendant sa présentation, les choses seront ordonnées et resteront sous contrôle. Ces présentateurs sont généralement en mission et délivrent leur message avec une intensité dramatique. Ils s'appuient sur des faits et des chiffres pour étayer ce qu'ils présentent. Les adjectifs décrivant ce genre de présentateur sont: analytique, logique, délibéré, rationnel, intellectuel et perspicace.

Le présentateur chaud peut faire exploser le toit d'un bâtiment. Vous allez probablement aimer ou détester ce présentateur, mais personne n'ignore ce genre. Ses prestations sont rapides et furieuses, et souvent livrées avec un discours rapide. Elles fonctionnent à l'adrénaline et poussent les passions à leur paroxysme. La pause, l'élévation et l'abaissement de la voix, les mouvements du corps sont tous dramatiques et renforcent les points abordés. Les présentateurs chauds sont émotifs, motivés, charismatiques, impulsifs et audacieux.

Les présentateurs ternes ont peur de prendre des risques et restent donc fades et ennuyeux. Il vous est probablement arrivé d'endurer un discours ennuyeux. Les présentateurs ennuyeux sont sûrs, mais ils ne changent pas grand-chose. Parce qu'ils sont si ennuyeux, les risques sont minimes et on les oublie facilement. L'ennui semble être la norme parce que beaucoup de gens fonctionnent dans ces limites. Et peu de personnes dans le public diront à un présentateur ennuyeux qu'il est ennuyeux. Les présentateurs ternes sont prudents, prévisibles, ambivalents et ennuyeux.

Il n'existe pas de style idéal, car chaque présentateur opère dans toutes ces zones, mais une tendance inhérente le rapproche d'un style plutôt que d'un autre. Mais la tendance pour beaucoup est de dériver vers l'ennuyeux périodiquement. Cela est généralement dû à la paresse. Pour devenir un présentateur cool, il faut beaucoup de recherche et de préparation. Le présentateur chaud implique plus d'émotion que d'intellect. L'idéal est que votre présentation soit un mélange de "hot" et de "cool", en évitant le côté ennuyeux.

Méthodes de délivrance d'un discours

Il existe quatre méthodes de base pour prononcer un discours : lire un manuscrit mot pour mot, réciter une présentation de mémoire, parler de manière impromptue et parler de manière extemporanée.

1º Lire un manuscrit mot à mot

Un manuscrit qui est lu présente plusieurs inconvénients. À moins que la personne qui prononce le discours ne soit extrêmement compétente, la récitation sonne comme si elle était lue et a probablement un ton chantant. La lecture d'un manuscrit ne permet pas non plus à l'auditoire d'avoir le contact visuel nécessaire pour maintenir son attention. Si vous voulez perdre complètement votre auditoire, optez pour cette méthode.

2º Réciter de mémoire

Daniel Webster, le célèbre auteur du Webster's Dictionary, pouvait enthousiasmer son public pendant trois, quatre, voire cinq heures d'affilée. Plus incroyable encore, il parlait souvent sans utiliser de notes qu'il attribuait à sa mémoire. Peu de gens ont les remarquables pouvoirs de mémoire de Webster. Si vous avez la capacité de mémoriser l'intégralité de votre discours, vous pouvez le faire. Mais l'un des principaux inconvénients de la mémorisation d'un discours entier est qu'elle crée une trop grande pression pour que le discours soit "absolument parfait".

La mémorisation d'un discours peut également donner lieu à une prestation guindée, au son de bois. Les orateurs professionnels qui prononcent plusieurs fois le même discours le mémorisent souvent ; mais à chaque fois, ils l'adaptent à l'occasion et au public. Seul un orateur très habile peut faire cela. Le principal inconvénient de la mémorisation est ce qui pourrait arriver si votre attention était détournée et que vous ne pouviez pas vous rappeler ce que vous deviez dire ensuite. Si vous choisissez de parler sans notes, assurez-vous d'avoir les compétences nécessaires pour vous exprimer. On n'a jamais une deuxième chance de prononcer un discours.

3° Parler de manière impromptue

Le discours impromptu consiste à prendre la parole lors d'un rassemblement avec peu ou pas de préparation et sans prendre de notes. Pour beaucoup, cela peut être assimilé à une épreuve du feu ; mais ce n'est pas forcément si grave. Les discours impromptus suivent trois règles de base : *avoir quelque chose d'important à dire, faire en sorte que votre public le comprenne ou le croie et parler simplement, directement et de manière significative.* Croyez-le ou non, vous savez déjà comment parler à pied levé. Vous le faites depuis des années, puisque vous vaquez à vos occupations quotidiennes sans écrire ce que vous allez dire. Et vous vous en sortez très bien.

4° Discourir de manière extemporanée

Au-delà du discours impromptu, il peut arriver aussi qu'on vous demande de parler sans que vous vous y entendiez. Cela arrive souvent, n'est-ce pas ? Pas de panique. Votre sang-froid vous aidera à vous en sortir. Dans un cas pareil, appesantissez-vous sur votre expérience de la vie par rapport au sujet en discussion et assumez la tâche.

Chapitre

6

Place de l'émotion dans la prise de parole en public

Afin de convaincre votre auditoire lors d'une prise de parole, même si votre discours est bien construit et que vous le maîtrisez à la perfection, il manque néanmoins un autre ingrédient. Connaissez-vous le triangle magique ? Il s'agit des trois registres du discours pour convaincre : *le conceptuel, le factuel et l'émotionnel.* Le conceptuel et le factuel ne suffisent pas ; vous devez toucher votre audience pour qu'elle se reconnaisse dans l'histoire que vous racontez, et cela grâce aux émotions.

De nombreuses recherches ont d'ailleurs montré l'importance du facteur émotionnel dans la mémorisation de la communication. Une étude menée en Angleterre par Thinkbox et Neuro-Insight avait visé spécifiquement à comprendre comment s'inscrivent, ou non, dans ce que l'on appelle « la mémoire à long terme », les différents éléments d'une publicité télévisuelle. Les spots publicitaires mettant l'emphase sur des données chiffrées ou scientifiques se sont retrouvés parmi les moins bien mémorisés là où les spots mettant en scène des personnes avec humour ou émotion s'étaient montrés beaucoup mieux mémorisés. Une preuve de plus, s'il en fallait une, qu'il faut faire appel à l'émotion ou à l'humour pour communiquer plus efficacement. Ne vous censurez pas sur certaines émotions : la colère ou la tristesse ont souvent un fort impact sur votre audience.

On pourrait penser qu'il s'agit d'un exercice plutôt simple mais certaines règles doivent être respectées pour susciter l'émotion de votre public.

Pour ce faire, voici quelques conseils nous proposés par Gérard (Claire, 2020) :
1° Prenez la parole sur des sujets qui vous touchent et qui vous passionnent pour transmettre vos émotions de manière naturelle. Vous pouvez partager une expérience

que vous avez vécue. Qu'elle soit drôle, triste, angoissante, etc. Peu importe, le principal étant de faire revivre avec justesse ce moment à vos interlocuteurs. Ceux-ci seront ainsi d'autant plus captivés. Pour cela, utilisez les mots justes et soyez sincère. Par exemple, le célèbre discours de Martin Luther King « I have a dream » a marqué les esprits, car il a été prononcé avec passion et conviction. L'orateur est arrivé à transmettre ses émotions en utilisant la rhétorique de répétition.

2° Soignez votre attitude, c'est-à-dire la relation au sol, à vous-même et au public.

- Au sol

Pour prendre la parole avec aisance et avoir une bonne maîtrise de vous-même, vous devez adopter une posture stable avec un bon ancrage au sol : les deux pieds légèrement écartés, le dos droit, la tête haute et les bras ouverts.

- A vous-même

La colonne ventrale, la respiration et l'articulation sont des éléments à prendre en considération pour exécuter la parole en toute confiance. Prenez votre temps, ajoutez des silences s'il le faut : votre débit de parole doit se situer aux alentours de 160-170 mots par minute.

Précisons également que même le débit de la parole peut modifier et affecter le sens. Une personne moyenne parle au rythme de 100 à 150 mots par minute. Certains parlent plus lentement à raison de 80 à 90 mots par minute, et d'autres vont jusqu'à 170 mots par minute, voire plus. Le président John F. Kennedy était un orateur notoirement rapide - il dépassait souvent les 200 mots par minute. Nous pouvons écouter à un rythme de 450 à 600 mots par minute. Cela signifie que nous pouvons penser cinq fois plus vite que nous pouvons parler. Si vous écoutez quelqu'un qui parle à cent mots par minute alors que vous pouvez écouter à près de six cents, que fait votre esprit le reste du temps ? Il vagabonde.

Une personne qui parle vite peut être à la fois persuasive et expressive ; mais elle peut aussi irriter une personne au rythme plus lent. Les mots qui sortent avec une urgence précipitée peuvent mettre certaines personnes mal à l'aise. Tout aussi irritant pour les autres est un orateur lent qui laisse entendre l'apathie et l'indifférence. Vous ne voulez certainement pas tomber dans l'un ou l'autre de ces extrêmes. Mais, en général, il vaut mieux parler un peu vite que trop lentement. Pourquoi ? La rapidité projette du charisme. La lenteur projette de la léthargie. L'idéal est de parler suffisamment vite pour que les gens soient intrigués par ce que vous dites, mais pas trop vite pour qu'ils ne vous trouvent pas mal à l'aise ou pressés.

L'art oratoire à un rythme et un débit. Un orateur intelligent peut modifier son rythme normal pour marquer un point. Hitler est devenu un expert en la matière : il utilisait fréquemment des roulements de tambour calés sur le rythme entraînant de ses discours. Cela ajoutait de l'élan et de l'excitation à ses paroles. Certaines personnes parlent avec une douceur apaisante, d'autres avec des pauses maladroites et imprévisibles qui créent un sentiment de malaise. Notre objectif en tant que dirigeants et orateurs devrait être que tout ce qui est dit en public soit clair, percutant et édifiant. Plutôt que de laisser notre voix retomber après chaque mot, nous devrions la maintenir élevée afin que chaque phrase soit claire et distincte jusqu'au dernier mot.

Le volume peut être utilisé pour apaiser ou irriter. Une voix forte et en colère est une arme efficace pour effrayer l'ennemi. En revanche, des tons plus bas, plus modérés, peuvent être utilisés pour attirer l'attention. Un cadre supérieur de la télévision baissait délibérément la voix lors de réunions importantes et occupait toujours le devant de la scène alors que ses auditeurs devaient se pencher en avant pour entendre ce qu'il disait. « Ceux qui parlent rapidement, à partir de la gorge, en mélangeant les mots et en élevant leur voix à un niveau anormalement élevé, deviennent rapidement enroués, et les mots prononcés perdent la moitié de la force qu'ils auraient s'ils étaient prononcés lentement, distinctement et moins fort » (Testimonies to the Church, Volume 4, p 405).

Chacun d'entre nous, par sa seule voix, peut transmettre des messages froids et indifférents, ou transmettre de l'amour, de la sollicitude et de la chaleur. Nous devons déployer des efforts considérables pour nous défaire de nos habitudes négatives et adopter un ton de voix agréable, favorable et productif.

- *Au public*

Regardez votre auditoire pour faire passer votre message et transmettre vos émotions de manière efficace. Cela vous permet ainsi de créer un lien avec votre public, celui-ci est plus réceptif et à l'écoute de votre discours. Plus l'attitude est naturelle, plus elle inspire confiance et favorise l'écoute.

3°Utilisez des visuels lors de votre présentation

Les auditeurs retiennent 10% de ce qu'ils ont entendu quelqu'un dire oralement 48h plus tôt ; contre 65% si le pitch a été illustré par un visuel. Le phénomène a été prouvé par au moins une quarantaine d'expériences sous le label « Picture Superiority Effect ». Par exemple, lors du discours d'Al Gore sur le réchauffement climatique en 2006, l'orateur utilise des images illustrant la fonte d'un iceberg ou d'un glacier, la disparition des espèces, etc. La prise de conscience du public est immédiate, et cela suscite l'émotion.

4° Racontez une histoire

Le storytelling est la manière la plus efficace de transmettre une information. Plusieurs scientifiques dont Joseph Campbell l'ont déjà démontré. Il existe différentes techniques de storytelling, la plus utilisée restant celle du « monomyth » ou « hero's journey ». Il s'agit du parcours du héros : il est appelé à quitter un endroit qu'il connait et à se lancer dans un voyage difficile, vers un lieu inconnu. Après avoir surmonté une épreuve, il rentre chez lui avec une récompense. Beaucoup d'histoires modernes suivent cette structure comme le Roi Lion, Harry Potter ou encore Star Wars. Si l'on reprend l'exemple du discours modèle de Martin Luther King, l'orateur excelle en la matière. Il prend le temps de raconter l'histoire de l'esclavage en Amérique en utilisant des références historiques et bibliques universelles pour susciter l'émotion de son auditoire.

Enfin, mettre de l'émotion dans son discours est une règle de proximité avec le sujet. Face à un public toujours plus en défiance vis-à-vis des orateurs, il est important de montrer la passion qui nous anime ; et la proximité avec le sujet facilite la proximité avec le public.

Il est important de prendre le temps de bien se préparer à une prise de parole en public sur le plan émotionnel : prendre conscience de soi et préparer son interaction avec les autres. Laurent nous propose quelques conseils pratiques sur la façon de se préparer et d'intégrer l'autre dans une communication interpersonnelle (Philibert, 2021).

Les études démontrent que les individus développent, dès qu'il s'agit de parler face aux autres, des comportements instinctifs : stress, rougeurs, transpiration, blocage de la respiration, etc. Ce bombardement émotionnel enraille le processus même de communication. De nombreuses situations professionnelles nous obligent à faire face à nos émotions et à gérer celles des autres. En effet, la prise de parole en public est, de ce fait, une discipline hautement émotionnelle : l'orateur alors bombardé d'émotions se retrouve face à des personnes elles-mêmes en recherche d'émotion.

Ne pas contrôler ses émotions dans sa communication face à autrui est bien sûr un handicap qui peut perturber la vie professionnelle et sociale d'un individu. L'orateur peut se retrouver rapidement dans un cercle vicieux : plus il est en manque de maîtrise de ses émotions, plus il aura peur du jugement des autres et plus il sera intimidé et en perte de moyens. Pour éviter ce genre de situations désagréables, l'orateur ne doit pas se focaliser sur lui-même –se juger lui-même– mais doit se concentrer uniquement sur l'effet qu'il pourra créer chez les autres : *le pont de communication.* Cependant, il doit, pour ce faire, porter toute son attention sur les émotions attendues par l'auditoire et ce qu'il souhaite provoquer comme réactions : rire, joie, peur, etc. En prenant la décision de parler en public, l'orateur s'engage moralement face à ceux qui ont accepté de l'écouter.

L'auditoire, lui, a besoin de vivre le discours avant de le comprendre ; il aspire à vivre une expérience émotionnelle auditive et visuelle. Si le public ne ressent aucune émotion, cela veut dire que la promesse n'a pas été tenue. Ainsi, pour gérer ses émotions en situation de prise de parole en public, rien ne vaut une bonne préparation de soi et une bonne intégration de l'autre.

Quelques astuces pour gérer ses émotions

Les émotions influent sur toutes les décisions et l'on parle désormais d'*intelligence émotionnelle* (IE). Celle-ci est devenue un outil managérial dans les années 1995. Puis des mesures et des tests ont été créés, comme il en existe pour le quotient intellectuel (QI). Être émotionnellement intelligent, c'est savoir identifier et gérer ses émotions, celles d'autrui et surtout les réguler. Cette aptitude a un impact majeur sur la santé, la réussite professionnelle et les relations sociales. Ainsi, elle permet de s'adapter aux situations plus facilement et d'y apporter une réponse satisfaisante.

En effet, une palette d'émotions primaires active une aire spécifique du cerveau, identifiée et démontrée aujourd'hui par les neuroscientifiques : la joie, la peur, la surprise, la tristesse, le dégoût, la colère, etc. Une part des émotions échappe à tout contrôle rationnel. C'est pourquoi, il est si difficile de les maîtriser dans des moments d'émotions intenses : colère, rage, jalousie, peur, etc.

Par conséquent, admettre sa colère, comprendre pourquoi, savoir analyser et gérer ses émotions permettent d'être plus performant au quotidien. A ce sujet, Caroline nous propose quelques astuces importantes (Zamaron, 2021) :

1° Identifier ses ressentis

Être attentif à ses modifications neurophysiologiques. A titre d'exemples, la colère augmente le rythme cardiaque et la respiration, contrairement à la honte et la culpabilité. Tandis que la peur augmente la sudation, la honte, rougissement.

Evaluer l'intensité de ses émotions. Par exemple, un agacement peut se muer en colère puis en rage ; une peur, en panique. Plus l'émotion est intense, plus il est difficile de la réguler et de la maîtriser. Pour identifier une émotion chez autrui, il faut déchiffrer l'expression du visage, les gestes, la posture et la tonalité de sa voix.

2° Repérer les facteurs déclencheurs

En premier lieu, il faut chercher à comprendre l'origine de cette émotion. Il y a les déclencheurs externes : danger physique, échec, remarques blessantes, perte d'un proche, etc. Et il y a les déclencheurs internes : pensées, croyance, état physiologique. La reconnaissance des facteurs déclencheurs permet, en prévention, d'éviter l'apparition d'une émotion paralysante.

3° Exprimer pour clarifier les choses

Une fois ses émotions identifiées et comprises, mieux vaut les exprimer oralement que par écrit. Cela peut clarifier une situation ambiguë.

4° Accueillir ses émotions comme une force

Une émotion est un message qu'il faut entendre. Ainsi les émotions représentent un langage subtil de l'inconscient : il convient d'y réfléchir et de songer à opérer différemment.

5° Réguler son humeur par l'action : trouver une alternative

Réguler ses émotions apparaît bénéfique si ces dernières ne sont pas adaptées à la situation. Par exemple:

- Le stress d'un manager lié à une peur : confiez-vous à un ami ;
- De l'énervement avant une réunion : vous pouvez prendre de grandes inspirations pour faire baisser votre rythme respiratoire et cardiaque ;
- Une envie de frapper sur la table pour exprimer votre colère: imaginez le faire, ce qui peut vous calmer.

6° Activer son discours intérieur

Activer son discours intérieur permet de réguler son émotion : « Si je suis énervé pendant la réunion, alors je risque de rater quelques choses d'important ». Toutefois, attention, à ne pas neutraliser en permanence son expression émotionnelle : selon les spécialistes, cela risque d'entraîner une baisse de bien-être au travail.

Enfin, il faut éviter de prendre une décision majeure sous l'emprise d'une émotion forte, négative ou positive. La raison est inhibée ; il convient de prendre le temps nécessaire du recul.

L'intelligence émotionnelle en quelques mots

L'intelligence émotionnelle peut être définie comme étant la capacité de pouvoir identifier, prendre en compte, contrôler ou gérer ses propres émotions, de les reconnaître chez les autres en exploitant, au mieux, les quatre domaines de compétence fondamentaux de l'intelligence émotionnelle.

Les 4 domaines de compétence fondamentaux de l'intelligence émotionnelle

Il s'agit de la *prise de conscience de ses propres émotions* », la conscience de soi ou s*elf-awareness*, de la *gestion de ses propres émotions* ou *self-Management*, de la *prise de conscience des émotions à une échelle sociale* ou *social awareness* et de la *gestion des émotions à une échelle relationnelle* ou *Relationship Management.*

Signalons tout de suite que deux tiers des gens dans des entreprises ou organisations sont contrôlés par les émotions : cela veut dire que la majorité de la main-d'œuvre n'est pas encore qualifiée pour évaluer ses propres émotions ou celles de ceux qui l'entourent. Cela conduit à une incapacité à les identifier de façon effective ou à les utiliser à son avantage.

Cependant, il existe cinq émotions de base servant de racines à d'autres types d'émotions : le bonheur, la tristesse, la colère, la peur et la honte. Vivre ces expériences est naturel, acceptable et inévitable. Toutefois, leur compréhension et leur exploration sont primordiales à une bonne utilisation, à une bonne gestion et à un meilleur dépassement de soi.

Ainsi donc, le « désastre émotionnel» a lieu lorsque les émotions surpassent la raison, conduisant à des réactions –le plus souvent illogiques ou irrationnelles – émanant purement du système émotif. Bien que l'émotion elle-même ne puisse être éliminée ou entraînée, les pensées et la réaction qui surgissent immédiatement peuvent l'être à condition que la personne soit au courant et en alerte ; car les réactions émotionnelles sont déclenchées par des événements souvent relatifs à l'histoire, ou à une ou à des expériences données. Lesdites réactions émotionnelles peuvent être alors contrôlées.

Chapitre

7

Comment s'habiller pour une prise de parole efficace

Faut-il se fier aux apparences ?

Le vêtement fait partie intégrante de l'image que nous donnons à notre interlocuteur. Très fréquemment, c'est même le premier message que nous transmettons (Saunier-Plumaz, 2010). Avant les années 50, la façon de s'habiller était avant tout très classique, sobre, respectant des codes de la société ; la mode était plus ou moins unique. C'est à partir des années 60 qu'on observe une montée des diversités de tenues vestimentaires qui, au fur et à mesure des décennies, deviennent de plus en plus nombreuses. Cela s'explique par l'évolution des normes ou des codes sociaux et le développement de la société de consommation.

En effet, les années 60 constituent un cap révolutionnaire pour le style vestimentaire. On observe une plus grande liberté dans la façon de s'habiller, et l'essor du prêt à porter rend la mode accessible à tous. C'est ainsi que la jeunesse des années 60 va installer une nouvelle culture du style vestimentaire, Selon sa façon de s'habiller, on va se sentir appartenant à un groupe. Les années 60 représentent la naissance du mouvement hippie, les jeunes qui souhaitent la paix dans le monde vont créer leur code vestimentaire, des habits colorés, simples, revendiquant la société de consommation. Dans les années 70, c'est le mouvement Punk qui va apparaître. C'est là la naissance d'un look « rebelle » et agressif, pour encore ici revendiquer la société qui entraine les jeunes vers le chômage et la misère. A cette même période, le disco est apparu et a lancé une nouvelle mode, des pantalons patte d'éléphant et t-shirt à paillette. Dans les années 90, le célèbre jogging/ basket a migré des États Unis jusqu'en Europe (Etudier, 2020).

Aujourd'hui, il existe un nombre incontestable de style vestimentaire, chacun plus différent que l'autre. La plupart du temps, les gens pensent que la communication non verbale comprend simplement les gestes du corps (les bras croisés, les pupilles dilatées, les mains serrées, les faux sourires, etc.), cependant le type de vêtement que nous portons est également une forme de communication non verbale. D'après les vêtements, on peut souvent déterminer l'âge approximatif d'un individu, son sexe, ses opinions politiques, sa classe sociale.

Posez-vous une minute et souvenez-vous, oui souvenez-vous d'une première rencontre ! Visionnez alors la tenue vestimentaire de la personne que vous rencontrez. Ne vous donne-t-elle pas l'envie de porter un jugement ? Bien sûr que vous jugez ! Nous savons tous que notre tenue vestimentaire influencera les autres personnes sur ce qu'ils pensent de nous. Sinon pourquoi ferions-nous attention à notre façon de nous vêtir lors d'un entretien d'embauche ? Le type de vêtement est très important et influence énormément les premières impressions.

Hypothèse basée sur les vêtements

Suivant le métier qu'une personne exerce, si cette personne est maçon ou peintre, on s'attend à la voir porter des vêtements de travail, sales, usés. Si la personne exerce un métier de bureau ou est à un poste élevé, on attend de lui qu'il porte des vêtements qui montrent qu'il a une certaine notoriété, voire une supériorité.

Les politiciens

Les politiciens portent souvent des vêtements qui sont en accord avec leurs fonctions. Pour être pris au sérieux, ils ne vont évidemment pas porter des habits de clowns ! Ils sont souvent vêtus de costumes. Leur but étant d'impressionner, de s'affirmer.

Cependant, il est fréquent que les hommes politiques se servent de la tenue vestimentaire afin d'influencer la population : ils porteront donc une chemise avec un jean, des habits bien classiques et passe- partout qui leur permettront de faire passer à la population un signe d'égalité.

Les vêtements et l'héritage culturel

Les vêtements permettent aussi d'identifier un héritage culturel, que ce soit des tenues typiques de certaines régions, pays, ou de cérémonies. Souvent associés à l'héritage culturel, la psychologie en est influencée (Never be lied, 2021).

Tous ces signes nous donnent donc des indications sur l'individu, son « mode de pensée » et peuvent tout naturellement être associés à la communication non verbale.

L'adolescence

Nous parlons tous de « crise de l'adolescence. » Effectivement, c'est pendant cette période que les jeunes hommes et les jeunes femmes tentent de s'affirmer, de sortir du lot et de dire : « Je suis un individu à part entière, je suis aussi un adulte. »

C'est un effet qui perdure depuis plus d'un demi-siècle, car c'est au début des années 50 que les adolescents commencent à se rebeller contre la conformité. Vers les années 60, les jeunes tentent donc d'affirmer leur personnalité, leurs opinions politiques et sociales, de par leur tenue vestimentaire. Ils portent donc des tenues différentes de celles de leurs ainés et surtout de leurs parents, pour clamer leur indépendance morale, sociale, politique et culturelle, prouvant que leur génération est bien plus moderne. Ce phénomène s'observe toujours aujourd'hui sur tous les adolescents du monde moderne, dans les pays développés et maintenant même dans les pays émergeants.

Maintenant il n'y a plus d'excuse : on sait tous que le style vestimentaire influence les autres sur la façon de nous percevoir. Lorsque vous pouvez être certain que la prochaine fois que vous rencontrerez quelqu'un vous serez jugé sur vos vêtements, que cela vous plaise ou non, que ce qu'il perçoit soit vrai ou faux. Lorsqu'on doit faire une présentation orale devant plusieurs personnes –réunion, conférence, interview, concours, jury, audition, etc. –, comment s'habiller à cette occasion pour marquer les esprits dans le bon sens ?

Dans le même ordre d'idée, Tatiana Haen, auteure du livre » Le Power Dressing » et coach en communication visuelle et media training, lors d'une émission télévisée, répondait à cette même question à peu près en ces termes ci-après:

La prise de parole en public est un exercice très important. Vous savez qu'aujourd'hui dans les entreprises, la prise de parole devient une réalité au quotidien. C'est essentiel de savoir communiquer. Le contenu de votre discours est certes important, mais cela ne suffit pas. 55% de votre communication repose sur le visuel, le non-verbal : la gestuelle, le regard, l'expression du visage, comment vous êtes habillé, la posture, etc. Seulement 7% de votre communication passe par les mots. Cela ne veut pas dire que si vous êtes super bien habillée vous pouvez raconter des conneries pour inciter è rire. Il faut les deux. Il faut savoir maintenir le public avec vous. Il ne suffit pas de captiver l'attention au départ, après il faut la maintenir tout au long du discours.

Le choix des couleurs est la première chose : on a parlé de la couleur bleu marine dans la vidéo sur comment s'habiller pour les entretiens d'embauche. En revanche, le bleu marine n'est pas une bonne idée pour la prise de parole en public. Pourquoi ? Le bleu marine a tendance à bercer le cerveau. C'est la couleur qui calme. Alors que là, on a besoin de stimuler le cerveau. Et où est-ce qu'on va chercher cette énergie ? On va aller la chercher dans des couleurs plus vives comme le rouge, par exemple. Cela évitera de bercer le cerveau de votre public avec votre présentation de chiffres du dernier trimestre. La couleur va vous aider à maintenir l'audience éveillée. Vous pouvez aussi vous permettre de petits imprimés ou détails de couleur qui viennent stimuler le cerveau. Quand votre interlocuteur va se sentir fatigué, il va poser son œil sur votre look et ça va le réveiller (Loren, 2021).

Les techniques d'entrainement pour la prise de parole en public

Selon Gwénola (2017), les techniques spécifiques aident à mieux développer ses capacités de la prise de parole en public (Froment, 2017):

1º Chanter sous la douche ou en voiture

Faire ainsi “sortir” votre voix vous accoutume à l'entendre, à jouer avec et vous prépare à la prise de parole. Veillez, bien sûr, à ne pas vous casser la voix en poussant trop ! “Le chant est une bonne manière de découvrir sa personnalité et ses capacités”, résume Meryem Dogan, professeure de chant non voyante.

2° Se détendre la mâchoire

En cas de stress, la mâchoire peut se bloquer et gêner l'élocution. Pour la détendre, commencez par la laisser tomber de sorte qu'elle soit légèrement entrouverte. Etirez ensuite le larynx en ouvrant grande la bouche, penchez la tête en avant, redressez-la, puis refermez la bouche. Répétez l'exercice cinq fois.

3° Ouvrir les “résonateurs”

Les résonateurs sont des cavités où l'air peut circuler au-dessus des cordes vocales. Pour les faire travailler, imitez le grognement du cochon. Avec conviction, imaginez que vous appelez quelqu'un au loin. La voix s'entraîne comme un muscle : à petites doses, de manière progressive. Cela est conseillé à ceux qui ont la voix douce.

4° Tonifier les muscles de la langue

Rien de tel qu'un exercice de diction pour bien articuler. Essayez celui-ci : “Qu'a bu l'âne au lac, l'âne au lac a bu.” Le but est de tonifier les 17 muscles de la langue pour acquérir plus de précision dans la prise de parole. Répétez la phrase plusieurs fois en entier et en appuyant sur les consonnes N et L.

Comment se tenir devant un public (Positionnement)

Lors d'un discours ou d'une présentation, votre attitude compte tout autant que ce que vous dites. Votre prise de parole a beau être rodée, votre stress maîtrisé et vos petits effets préparés, vous pouvez encore rater votre discours si votre attitude ne suit pas. Lorsque vous faites face à votre auditoire, votre corps parle tout autant que votre bouche. Alors, quelle posture adopter au moment de parler en public ?

Lorsqu'on prend la parole en public, il est important de faire attention à tout son corps, des pieds à la tête. Voici les recommandations de Lorenzo Pancino, le coach de la prise de parole en public, telles que détaillées par Fabien (Renou, 2012) :

- les jambes sont parallèles ;
- les genoux sont légèrement fléchis ;
- le ventre est relâché ;
- les épaules sont décontractées ;
- les mains sont relevées au niveau du ventre ;
- la poitrine est sortie ;
- le menton est légèrement relevé ;
- le regard se porte sur le public ;
- la bouche est souriante.

Concernant votre attitude avant la prise de parole, pensez à scruter du regard votre auditoire plutôt que de vous crisper sur vos fiches. Cela donne l'impression au public que vous l'accueillez. Repérez rapidement les personnes qui sourient dans l'auditoire afin de pouvoir concentrer votre regard sur eux plutôt que sur des visages qui paraissent hostiles.

Enfin, lors de votre prise de parole, votre gestuelle a évidemment une importance cruciale. Evitez, par exemple, les mouvements brusques pour privilégier les gestes simples qui appuient vos propos.

Il sied de préciser que, des fois, c'est extrêmement important et prudent de repérer rapidement les personnes qui sourient dans l'auditoire afin de pouvoir concentrer votre regard sur eux plutôt que sur des visages qui paraissent hostiles.

Chapitre
8

Audience

L'acte de parler en public est une activité partagée qui implique une interaction entre l'orateur et le public. Pour que votre discours soit entendu de manière équitable, vous devez créer une relation avec vos auditeurs. Le succès de votre discours repose en grande partie sur la façon dont votre public le reçoit et le comprend. L'art oratoire est une activité centrée sur le public. Manquer de considération pour son auditoire peut entraîner l'embarras d'aliéner les auditeurs en racontant une blague qu'ils n'apprécient pas ou en utilisant un langage qu'ils trouvent offensant.

La meilleure façon de réduire le risque de telles situations est de procéder à une analyse de l'auditoire lorsque vous préparez votre discours. L'analyse de l'auditoire est le processus de collecte d'informations sur les personnes de votre public afin de comprendre ses besoins, ses attentes, ses croyances, ses valeurs, ses attitudes et ses opinions probables.

Dans ce chapitre, nous allons d'abord examiner quelques raisons pour lesquelles l'analyse du public est importante. Nous décrirons ensuite trois différents types d'analyse d'audience et certaines techniques à utiliser pour ce faire.

Enfin, nous expliquerons comment vous pouvez utiliser votre analyse de l'auditoire, non seulement pendant la création de votre discours, mais aussi pendant que vous l'écrivez.

Pourquoi devons-nous analysez notre public ?

Reconnaître l'auditoire

Imaginez-vous face au public et sur le point de prononcer votre discours. C'est à ce moment que commence votre relation avec votre public, et la qualité de cette relation influencera sa réceptivité à vos idées, ou du moins sa volonté de les accepter. L'une des meilleures façons d'initier cette relation est de trouver un moyen de reconnaître votre public. Cela peut être aussi simple qu'établir un contact visuel et le remercier d'être venu pour écouter votre présentation.

Avantages de la compréhension de l'auditoire

Lorsque vous prenez la parole, vous voulez que les auditeurs comprennent et répondent favorablement à ce que vous dites. Un public est une ou plusieurs personnes qui se réunissent pour écouter l'orateur. Les membres de l'auditoire peuvent se trouver face à face avec l'orateur ou être reliés par des technologies de communication, telles que des ordinateurs ou d'autres médias. L'auditoire peut être petit et privé ou grand et public. L'une des principales caractéristiques des situations de prise de parole en public est la répartition inégale du temps de parole entre l'orateur et le public. Par exemple, l'orateur parle généralement davantage ; tandis que le public écoute, souvent sans poser de questions ou répondre par des commentaires. Dans certaines situations, le public peut poser des questions ou répondre ouvertement, en applaudissant ou en faisant des commentaires.

Une approche de la prise de parole centrée sur l'auditoire

Étant donné que la communication entre l'orateur et le public est généralement limitée, rares sont les possibilités de revenir en arrière pour expliquer votre sens, que ce soit pendant le discours ou après. Lors de la planification d'un discours, il est important de connaître le public et d'adapter le message à celui-ci. Autrement dit, vous devez préparer un discours centré sur l'auditoire, c'est-à-dire un discours qui concerne que cet auditoire.

En parlant en public, vous vous adressez à votre public et rien qu'à lui ; par conséquent, la compréhension du public est une partie importante du processus d'élaboration du discours. Dans un discours centré sur le public, apprendre à connaître votre public cible est l'une des tâches les plus importantes auxquelles vous devez faire face. Vous devez connaître les principales caractéristiques démographiques du public, telles que l'âge général, le sexe, l'éducation, la religion et la culture ainsi que les groupes auxquels appartiennent les membres du public. En outre, l'étude des valeurs, des attitudes et des croyances des membres de votre public vous permet d'anticiper et de planifier votre message.

Trouver un terrain d'entente en prenant du recul

Vous devez analyser votre public avant votre discours afin de pouvoir créer un lien entre vous, l'orateur, et le public pendant le discours. Vous devez être en mesure de pénétrer dans l'esprit des membres de l'auditoire pour comprendre le monde de leur point de vue. Grâce à ce processus, vous pouvez trouver un terrain d'entente avec votre public ; ce qui vous permet d'aligner votre message sur ce qu'il sait ou croit déjà.

Recueillir et interpréter des informations

L'analyse de l'audience consiste à recueillir et à interpréter des informations sur les destinataires d'une communication orale, écrite ou visuelle. Il existe des méthodes très simples pour effectuer une analyse d'audience, comme interroger un petit groupe sur ses connaissances ou ses attitudes, ou utiliser des méthodes plus complexes comme l'analyse d'études démographiques sur des segments pertinents de la population. Vous pouvez également trouver utile d'examiner des études sociologiques portant sur différents groupes d'âge ou groupes culturels. Vous pouvez également utiliser un questionnaire ou une échelle d'évaluation pour recueillir des données sur les informations démographiques de base et les opinions de votre public cible. Ces exemples ne constituent pas une liste exhaustive des méthodes d'analyse de votre public, mais ils peuvent vous aider à obtenir une compréhension générale de la manière dont vous pouvez vous renseigner sur votre public. Après avoir pris en compte tous les facteurs connus, un profil du public visé peut être créé ; cela qui vous permettra de parler d'une manière qui sera comprise par le public visé.

Avantages pratiques pour l'orateur

Comprendre qui constitue votre public cible vous permet de planifier soigneusement votre message et d'adapter ce que vous dites au niveau de compréhension et aux antécédents des auditeurs. Deux avantages pratiques de l'analyse de l'auditoire sont d'éviter de dire la mauvaise chose, comme raconter une blague qui offense, et de vous aider à parler à votre auditoire dans une langue qu'il comprend, sur des sujets qui l'intéressent. Votre discours sera plus réussi si vous pouvez créer un message qui informe et engage votre public.

Facteurs démographiques à prendre en compte

Age

Comme les individus d'une même génération partagent souvent des valeurs, des croyances et des attitudes similaires, l'âge est une variable importante à prendre en compte.

L'âge est une caractéristique importante de l'audience. Il est une variable importante à prendre en compte lors de l'analyse de votre public cible. Les personnes qui grandissent au même moment constituent une génération culturelle. Elles partagent souvent les mêmes expériences que les autres personnes du même groupe d'âge. Le résultat d'une génération culturelle est un ensemble de valeurs, de croyances et d'attitudes partagées qu'il est important de prendre en compte lors de la préparation d'un discours. Les quatre femmes de la figure appartiennent à des générations différentes et ont vécu des expériences différentes. A votre avis, de quelle génération font-elles partie ? A quelle génération appartenez-vous ?

Générations

Examinez les générations qui vivent aujourd'hui et certaines des caractéristiques qui leur sont associées. La génération du baby-boom est née après la Seconde Guerre mondiale, de 1946 à 1964. En général, les baby-boomers sont associés à un rejet ou à une redéfinition des valeurs traditionnelles. Les baby-boomers avaient tendance à se considérer comme une génération spéciale, très différente de celles qui les avaient précédés.

La génération X est la génération définie comme étant celle qui est née après la fin du baby-boom, entre 1965 et 1981.Pour les membres de la génération X, le changement est davantage la règle que l'exception. Contrairement à leurs parents qui défiaient les dirigeants dans l'intention de les remplacer, les membres de la génération X ont tendance à ignorer les dirigeants et à œuvrer pour un changement institutionnel et systématique à plus long terme par le biais d'actions économiques, médiatiques et de consommation.

Les milléniaux, également connus sous le nom de génération Y, constituent la génération qui suit la génération X, de 1981 à 1999. Un segment de ce groupe d'âge a souvent été appelé la génération des "bébés des années 80". Les milléniaux sont généralement marqués par une utilisation et une familiarité accrues avec les technologies de la communication, des médias et du numérique. Dans la plupart des régions du monde, leur éducation a été marquée par une augmentation de l'approche néolibérale de la politique et de l'économie.

La génération Z, également connue sous le nom de "Digital Natives", est un terme qui reflète la société pluraliste et fragmentée des personnes dont la date de naissance se situe entre 1997 et 2012. La génération Z est très connectée, car de nombreux membres de cette génération ont utilisé pendant toute leur vie les technologies de la communication et des médias. L'Internet n'est plus limité à l'ordinateur domestique ; il est de plus en plus souvent transporté dans leur poche sur des appareils Internet mobiles.

La génération AO, la génération Always-On (ou Gen AO), comprend les personnes nées entre le début des années 2000 et les années 2020, dont la vie a été influencée par la connectivité et l'accès facile aux personnes et aux connaissances grâce à l'internet. Ce sont des personnes agiles, rapides et multitâches qui comptent sur l'internet comme cerveau externe. Les experts prédisent que la génération AO présentera une soif de gratification instantanée et de solutions rapides, une perte de patience et un manque de capacité de réflexion profonde.

Écarts et tendances entre les générations

Lorsque vous vous adressez à un public composé de personnes d'âges différents, vous risquez d'être confronté à un fossé entre les générations. Chaque génération définit ses propres tendances et a son propre impact culturel.

Utilisation de la langue

Les générations peuvent être distinguées par les différences dans leur utilisation du langage. Le fossé entre générations a créé un fossé parallèle dans le langage, qui peut être difficile à traverser. Comme les nouvelles générations cherchent à se distinguer des anciennes, elles adoptent un nouveau jargon et un nouvel argot ; ce qui permet à une génération de créer un sentiment de division par rapport à la précédente.

L'argot

L'argot est un ensemble de mots et de phrases familiers en constante évolution que les locuteurs utilisent pour établir ou renforcer l'identité sociale ou la cohésion au sein d'un groupe ou de la société en général. Comme chaque génération successive de la société s'efforce d'établir sa propre identité unique parmi ses prédécesseurs, les écarts entre les générations ont une grande influence sur le changement et l'adaptation continus de l'argot.

Influences technologiques

Chaque génération développe un nouvel argot, mais avec le développement de la technologie, les écarts de compréhension se sont creusés entre les générations plus anciennes et plus jeunes. Le terme "compétences en communication", par exemple, peut signifier pour un travailleur plus âgé des capacités formelles d'écriture et d'expression orale. Mais pour un jeune de 20 ans, il peut s'agir d'e-mail et de messagerie instantanée. Les téléphones portables, les texto, les tweets et autres moyens similaires ont encouragé les jeunes utilisateurs à créer leur propre langage écrit inventif, excentrique et très privé. Ils sont plus connectés que jamais, mais aussi beaucoup plus indépendants.

Sexe

L'orateur a la possibilité d'aborder des années de conditionnement aux rôles masculins et féminins par l'utilisation d'un langage inclusif.

Il est important de se rappeler que, depuis la naissance, nous avons été conditionnés à faire la distinction entre les hommes et les femmes, la masculinité et la féminité. Le genre est la masculinité ou la féminité perçue ou projetée voire auto-identifiée d'une personne. Les sociétés ont tendance à avoir des systèmes de genre binaires dans lesquels tout le monde est catégorisé comme homme ou femme. Mais ce n'est pas universel. Certaines sociétés incluent un troisième rôle de genre, appelé transgenre, qui combine à la fois homme et femme.

Bien qu'il y ait presque autant d'hommes que de femmes dans la population américaine, toutes les personnes ne se conforment pas à leur sexe de naissance. Le sexisme est la croyance culturelle selon laquelle le genre est binaire, ou qu'il n'existe, ou ne devrait exister, que deux genres –masculin et féminin– et que les aspects du genre d'une personne sont intrinsèquement liés au sexe qui lui a été assigné à la naissance. Cette croyance renforce les attitudes négatives, les préjugés et la discrimination à l'égard des personnes qui manifestent des expressions de variance ou de non-conformité de genre et dont l'identité de genre ne correspond pas à leur sexe de naissance.

Les publicitaires créent toutefois des "environnements sexués" dans tous les domaines, des jouets pour enfants aux véhicules à moteur. Par exemple, les enfants sont exposés très tôt à des publicités de jouets qui visent à cibler un sexe spécifique. Ainsi, la société occidentale est conditionnée à croire que les poupées et les maisons sont destinées aux petites filles parce qu'elles représentent l'idée que les femmes doivent être fertiles et nourricières. Les petits garçons sont conditionnés à croire qu'ils ne peuvent jouer qu'avec des jouets qui définissent leur masculinité, comme les voitures et les armes-jouets. À l'instar de l'idéal masculin, les jouets pour petits garçons comprennent souvent des voitures, des figurines et des articles de sport, qui répondent tous à l'idée de conquête. Ces articles et les publicités redéfinissent l'idéal du rôle masculin selon lequel les hommes sont actifs, forts et courageux.

D'autre part, les petites filles sont élevées dans l'idée que leur rôle est de prendre soin de la famille. En général, les jouets de petites filles comprennent des poupées et des maisons de jeu. Étant donné que l'idée d'identification a un poids immense dans le ciblage de publics spécifiques, les publicitaires commencent à promouvoir le concept d'environnements sexués très tôt, en commençant par les jouets pour enfants. Ainsi, à mesure que les gens grandissent, les rôles de genre deviennent plus évidents et sont perpétués dans la publicité destinée aux adultes.

Que peut faire l'orateur ?

1° Il est recommandé aux orateurs de faire usage d'*un langage inoffensif* dans vos discours. La psychologie cognitive et la linguistique suggèrent que le choix des mots a des effets d'encadrement importants sur les perceptions, les souvenirs et les attitudes des locuteurs et des auditeurs. Lorsque l'on utilise un langage moins inclusif ou stéréotypé, les phénomènes ci-après peuvent se produire : Les droits, les opportunités et les libertés de certaines personnes sont restreints parce qu'ils sont réduits à des stéréotypes. Ceux-ci sont le plus souvent implicites, inconscients et facilités par la disponibilité d'étiquettes et de termes péjoratifs. Et si les étiquettes et les termes péjoratifs sont socialement inacceptables, les gens doivent alors réfléchir consciemment à la manière dont ils décrivent une personne différente d'eux-mêmes. Lorsque l'étiquetage est une activité consciente, les mérites individuels de la personne décrite deviennent apparents, plutôt que son stéréotype.

2° Utilisez un langage non sexiste dans vos discours.

Le langage neutre en termes de genre et le langage inclusif en termes de genre visent à éliminer ou à neutraliser la référence au genre dans les termes qui décrivent les personnes. Par exemple, les mots pompier, hôtesse de l'air et, sans doute, président, sont spécifiques au sexe ; les termes neutres correspondants sont pompier, hôtesse de l'air et président ou présidente. D'autres termes spécifiques au genre, tels qu'acteur et actrice, peuvent être remplacés par le terme initialement masculin "acteur" utilisé pour l'un ou l'autre genre.

Les différentes formes de langage neutre en termes de genre deviennent plus courantes, mais les rôles de genre sous-jacents sont toujours évidents dans notre société. Nous avons encore des générations où des rôles de genre ont été définis antérieurement et le langage, associé à conquérir.

Conseils pour l'orateur

Il faut se garder de toute discrimination sexuelle et de tout stéréotype à l'égard des membres de l'auditoire. Il ne suffit pas d'être politiquement correct en utilisant une terminologie inclusive et neutre ; il faut également explorer plus en profondeur le conditionnement lié au genre qui s'est produit tout au long de la vie, de l'enfance à l'âge adulte, afin d'affronter le sexisme.

En effet, lorsque vous préparez votre discours, demandez-vous d'abord ce que les membres de l'auditoire savent déjà sur le sujet. Quel est leur niveau de connaissance et sont-ils capables d'en apprendre davantage ? N'oubliez pas qu'il est important de prendre en compte non seulement l'éducation formelle mais aussi l'apprentissage autonome des membres de l'auditoire afin d'adapter votre discours au bon niveau de compréhension.

Religion

Comprendre les religions de votre public vous aidera à vous rapprocher de ses membres et à éviter d'exclure les membres de religions différentes. Les personnes qui pratiquent une religion ont des systèmes de croyance et des visions du monde qui relient l'humanité à la spiritualité et aux valeurs morales. Selon certaines estimations, il existe environ 4 200 religions dans le monde. Les membres de votre public pourraient être des adeptes de n'importe laquelle de ces religions.

Les religions peuvent impliquer l'adoration d'un ou de plusieurs dieux ou d'une force spirituelle. De nombreuses religions ont des jours d'observance, des récits, des symboles, des traditions et des histoires sacrées qui visent à donner un sens à la vie ou un style de vie, préféré à partir de leurs idées sur le cosmos et la nature humaine.

Les cinq plus grands groupes religieux en termes de population, qui représentent entre 5 et 7 milliards de personnes, sont le christianisme, l'islam, le bouddhisme, l'hindouisme et la religion populaire chinoise.

Les cinq plus grandes religions............Adhérents en 2000...................% de la population mondiale

Christianisme.................................. 2,0 milliards.. 33%

Islam.. 1,2 milliard.. 19.6%

Hindouisme................................ 811 millions.. 13.4%

Religion populaire chinoise................ 385 millions.. 6.4%

Bouddhisme................................... 360 millions... 5.9%

En outre, votre public peut compter des athées et des agnostiques. Les termes "athée" –absence de croyance en des dieux– et "agnostique" –croyance en l'impossibilité de connaître l'existence des dieux–, bien que spécifiquement contraires aux enseignements religieux théistes –chrétiens, juifs et musulmans–, ne signifient pas par définition le contraire de "religieux". "Il existe des religions dont le bouddhisme et le taoïsme qui classent certains de leurs adeptes comme agnostiques, athées ou non-théistes. Le véritable opposé de "religieux" est "irréligieux".

Étant donné que le premier amendement de la Constitution américaine garantit la séparation de l'Église et de l'État, les États-Unis n'ont pas de religion d'État dominante. Les personnes ayant des croyances différentes sont libres de pratiquer leur religion aux États-Unis ou de ne pratiquer aucune religion.

A moins que vous ne vous adressiez à un groupe religieux particulier, il est probable que vous rencontriez dans votre auditoire des membres de plusieurs religions du monde. Comprendre les religions de votre public vous aide à mieux vous entendre avec les membres de l'auditoire et à éviter d'exclure des membres qui n'observent peut-être pas les mêmes pratiques que vous. Il est important d'éviter toute discrimination religieuse subtile lorsque vous vous adressez à un public général. Il vous faut souvent mettre de côté votre propre système de croyances pour comprendre la religion des membres de l'auditoire. Bien entendu, vous n'êtes pas tenu d'accepter ou d'embrasser les autres religions, mais simplement d'en être conscient et d'y être sensible.

Culture, Ethnicité et Race

La société devenant de plus en plus diversifiée, l'orateur trouvera utile d'en savoir plus sur les cultures, les races et les groupes ethniques de chaque public. En plus de prendre en compte les attitudes du public à l'égard des différentes cultures, races ou groupes ethniques, il est également important de considérer comment un groupe diversifié réagira à certaines parties de votre message. Avant d'examiner le rôle de la culture, de la race et de l'ethnicité dans l'analyse du public, il est utile de faire la distinction entre ces termes.

Culture

La culture est l'ensemble des aspects non biologiques ou sociaux de la vie humaine : en gros, tout ce qui est appris par les humains fait partie de la culture. Pour illustrer le concept de culture, prenons l'exemple des deux avatars présentés dans cette page : l'avatar qui ne porte qu'un short est sur le point de ne représenter que la nature. L'avatar portant une veste et un pantalon colorés contraste fortement avec l'autre avatar. Ce deuxième avatar est le reflet d'une culture particulière. La culture est plus que l'objet ou le comportement. La culture comprend également des normes, des valeurs, des croyances ou des symboles expressifs. Elle influence de nombreux aspects de la vie d'une personne, notamment ses valeurs, ses croyances et ses formes d'expression personnelle.

Race et Ethnicité

Une race est une population humaine que l'on croit distincte d'une certaine façon des autres humains en raison de différences physiques réelles ou imaginaires. Un individu est généralement classé de l'extérieur, c'est-à-dire que quelqu'un d'autre fait la classification ; mais il peut aussi s'identifier lui-même à un groupe racial particulier.

L'ethnicité, bien que liée à la race, ne fait pas référence à des caractéristiques physiques mais à des traits sociaux partagés par une population humaine. Certains des traits sociaux souvent utilisés pour la classification ethnique sont les suivants :

- la nationalité ;
- la tribu ;
- la foi religieuse ;
- la langue partagée ;
- la culture commune ;
- les traditions partagées.

Cependant, afin d'adapter le message à l'auditoire, il est important de prendre conscience de son propre ethnocentrisme et d'éviter les préjugés et le racisme. Lorsque vous jugez une autre culture uniquement en fonction des valeurs et des normes de votre propre culture, vous passez à côté des aspects importants de l'autre culture des membres de votre public. Le racisme ou la discrimination raciale fonctionne de manière similaire.

Pour que l'orateur puisse recueillir des connaissances objectives sur d'autres cultures, groupes raciaux ou ethniques, il est important d'éviter les préjugés. Les préjugés consistent à porter un jugement sur un sujet avant de savoir où se trouve la prépondérance de la preuve. Ou encore, les préjugés peuvent faire référence à la formation d'un jugement sans expérience directe ou réelle.

Lorsque vous regardez une autre culture ou un autre groupe ethnique afin de compenser l'ethnocentrisme d'un locuteur, essayez de regarder l'autre groupe à travers les yeux des membres de ce groupe ethnique ou culturel particulier. A mesure que notre société se diversifie, l'orateur trouvera souhaitable de mettre de côté l'ethnocentrisme et les préjugés pour en apprendre davantage sur les cultures, les races et les groupes ethniques qui constitueront une part croissante de l'auditoire local et mondial.

Les membres de l'auditoire qui appartiennent à un même groupe sont susceptibles de partager des valeurs, des croyances et des attitudes avec les autres membres du groupe. Aussi, faut-il le dire, les membres de votre public peuvent appartenir à différents groupes ou faire partie du même groupe. L'appartenance à un groupe se décrit comme une association entre deux personnes ou plus.

En général, on peut distinguer deux types de groupes : les groupes primaires et les groupes secondaires.

Groupe primaire

L'appartenance à un groupe primaire façonne les attitudes, les valeurs et les croyances de ses membres ; ces derniers sont susceptibles de les refléter ou de les exprimer lorsqu'ils écoutent un orateur. Les membres de l'auditoire qui font partie d'un groupe primaire plus durable partageront des expériences avec les autres membres du groupe qui façonnent leurs croyances, leurs attitudes et leur vision du monde. En outre, il peut être nécessaire d'accepter un ensemble de normes ou de valeurs partagées par tous les membres pour devenir membre d'un groupe. Certaines adhésions à un groupe impliquent une sélection par les autres membres du groupe et une initiation au groupe.

Groupe secondaire

Les groupes secondaires, par opposition aux groupes primaires, sont des groupes importants impliquant des relations formelles et institutionnelles. Les relations secondaires impliquent des liens émotionnels faibles et peu de connaissances personnelles des uns et des autres. La plupart des groupes secondaires sont de courte durée, commençant et se terminant sans signification particulière. Ils peuvent durer des années ou se dissoudre après peu de temps. La formation de groupes primaires se produit au sein de groupes secondaires.

D'une manière générale, plus la participation à un groupe est longue et active, plus le membre est susceptible de partager des idées et de professer des croyances communes aux autres membres du groupe. Par exemple, les membres d'un club universitaire peuvent ne partager qu'un intérêt pour un sport ou une activité particulière, alors que les membres d'une fraternité ou d'une sororité peuvent être plus impliqués en vivant ensemble comme une famille et en professant des attitudes et des croyances similaires.

La connaissance préalable des affiliations de l'auditoire et des valeurs, croyances et attitudes associées aidera l'orateur à préparer son message. Vous pouvez vous adresser à des membres qui font tous partie du même groupe, comme un groupe de sobriété sur le campus ou DeMolay ; les membres des deux groupes auront des expériences et des croyances communes différentes en fonction de leur appartenance à ce groupe (Boundless Communications, 2021).

Les groupes primaires peuvent être présents dans des contextes secondaires. Par exemple, lorsque vous fréquentez une université, vous faites partie d'un groupe secondaire lors d'une activité étudiante ; pendant votre séjour à l'université, vous pouvez nouer des amitiés ou des relations qui dureront toute une vie, ce qui constituerait un groupe primaire.

Découverte de trois types de capacité de connaissance de l'auditoire

La découverte de la connaissance, c'est-à-dire l'état ou la condition de posséder des connaissances, implique une évaluation minutieuse de l'auditoire par l'orateur avant, pendant et après le discours. L'orateur veut penser et contempler le monde de l'auditoire pour comprendre ce qu'il sait.

La connaissance est une familiarité avec quelqu'un ou quelque chose, qui peut inclure des faits, des informations, des descriptions ou des compétences acquises par l'expérience ou l'éducation. Elle peut faire référence à la compréhension théorique ou pratique d'un sujet. Elle peut être implicite, comme la compétence ou l'expertise pratique ou explicite, comme la compréhension théorique d'un sujet ; elle peut également être plus ou moins formelle ou systématique. Dans ce cas, la capacité de connaissance est la condition ou l'état de connaissance des membres de l'auditoire. L'auditoire peut en savoir plus sur un sujet et moins sur un autre. Les types de connaissances sont également différents - l'auditoire peut être au courant de quelque chose mais ne pas savoir comment utiliser ces connaissances pour faire quelque chose.

Il existe au moins trois types de connaissances : Les connaissances préalables, les connaissances formatives et les connaissances sommatives. Pour les distinguer, on peut penser à un cuisinier. Un cuisinier rassemble les ingrédients –connaissances préalables–, goûte la soupe pendant qu'elle cuit –connaissances formatives– et laisse le client la juger à la fin –connaissances sommatives.

Connaissances préalables

Les connaissances préalables sont les connaissances que le public possède déjà sur votre sujet. Si votre idée ou votre concept n'est pas familier au public, vous pouvez supposer qu'il ne sait rien et commencer par le début. Cependant, vous pouvez vouloir "pré-évaluer" votre public pour voir ce qu'il sait déjà, afin d'adapter votre contenu à son niveau de compréhension. Par où commencez-vous votre explication ? Dans quelle mesure votre public connaît-il déjà votre sujet ? Vous ne devez pas expliquer des choses que tout le monde connaît déjà et qui ennuient la majorité de l'auditoire ; mais, en même temps, vous devez vous assurer que tout le monde comprend vos idées. Voulez-vous que le public reparte avec une meilleure compréhension que lorsqu'il est entré dans la pièce ou a allumé son ordinateur pour écouter votre discours ?

Connaissances formatives

Les connaissances formatives sont les connaissances qui se forment dans l'esprit de l'auditoire pendant le discours. Il s'agit de ce que le public apprend ou n'apprend pas pendant votre discours. Vous pouvez évaluer la compréhension à l'aide d'une simple session de questions-réponses ou utiliser un système de réponse de l'auditoire à différents moments du discours pour poser des questions courtes et rapides à l'auditoire afin de voir où il en est à ce moment-là. Si vous voyez des regards confus sur les visages des membres de l'auditoire ou si vous vous tournez vers les voisins avec des questions, vous savez que vous devez réessayer d'expliquer ce que vous disiez avec des mots différents ou avec de meilleurs exemples à l'appui.

Connaissances sommatives

Les connaissances sommatives sont les connaissances que l'auditoire acquiert après votre discours. Quel est le niveau de compréhension à la fin de votre discours ? En savent-ils plus ou peuvent-ils faire quelque chose qu'ils ne pouvaient pas faire avant le discours ? Là encore, vous pouvez demander à l'auditoire de remplir un court questionnaire à la fin ou utiliser un système de réponse de l'auditoire avec tabulation automatique des résultats pour voir comment l'auditoire a changé.

Solliciter des informations

Observez directement les petits publics et utilisez des entretiens, des enquêtes et des échelles d'évaluation de Likert pour recueillir des données sur des publics plus larges.

1° Collecte d'informations sur votre public particulier

Alors, comment faire pour collecter des informations sur votre public particulier ? Il existe plusieurs méthodes utiles à envisager, notamment l'observation directe des membres de l'audience potentielle, et la collecte de données par le biais d'entretiens, d'enquêtes et d'échelles d'évaluation des opinions.

2° Observation directe

L'observation directe vous permet d'apprendre à connaître personnellement les membres de votre public. Vous observez les membres du public à travers vos propres sens, tels que l'ouïe, la vue et peut-être l'odorat. Vous pouvez utiliser cette méthode dans une salle de classe ou dans un petit groupe en discutant avec les uns et les autres, et en écoutant ce qu'ils disent. Toutefois, vous devrez veiller à ne pas introduire vos propres préjugés égocentriques dans l'observation. Nos sens humains ne fonctionnent pas comme un caméscope qui enregistre impartialement toutes les observations. Ainsi, deux personnes peuvent observer le même public et en retirer des perceptions totalement différentes, voire être en désaccord sur des faits simples. C'est pourquoi les témoignages oculaires sont notoirement peu fiables.

3° Entretien

Un entretien est une conversation entre deux personnes - l'intervieweur et la personne interrogée - qui consiste à poser des questions pour obtenir des informations. En général, vous utiliserez les quatre différents types de questions qui suivent.

Les questions ouvertes

Les questions ouvertes demandent qui, quoi, où, quand, pourquoi et comment ; elles sont généralement bonnes. Une question ouverte demande à la personne interrogée de fournir plus d'informations qu'une réponse par "oui" ou "non". Par exemple, "Parlez-moi du genre de musique que vous écoutez" vous donnera probablement beaucoup plus d'informations que "Aimez-vous écouter du *death metal* ? "Cette dernière ne nécessitera qu'un "oui" ou un "non".

Les questions fermées

Lorsque vous avez besoin d'une réponse par "oui" ou par "non" ou lorsque vous voulez que l'autre personne vous donne une réponse spécifique parmi un ensemble de choix, utilisez des questions fermées. « Fermées » signifie que vous n'avez que des options spécifiques, et aucun autre choix. "Passez-vous plus de temps à envoyer des SMS à la maison, au travail ou à l'école ? "est une question fermée avec trois choix.

Demandez des informations supplémentaires. Après qu'une personne interrogée ait répondu à une question, vous pouvez l'interroger pour obtenir des précisions ou des informations supplémentaires. En posant des questions d'approfondissement, vous pouvez adapter l'entretien au moment où il se déroule.

Les questions-miroirs renvoient le contenu précédent à la personne interrogée. Une question-miroir peut être utilisée pour demander plus d'informations ou pour fournir un résumé que la personne interrogée peut approuver, corriger ou développer.

Évitez les questions suggestives. Une question suggestive est une question qui garantit pratiquement que la personne interrogée répondra par la réponse souhaitée. Par exemple, "Ne préféreriez-vous pas X ?" indique ce que vous voulez que la personne interrogée préfère. Vous ne découvrez pas ce que la personne interrogée pense vraiment.

Cependant, pour les audiences importantes, vous pouvez utiliser l'interview Web assistée par ordinateur (CAWI).

Questionnaires

Le questionnaire de base est une enquête constituée d'une série de questions et d'autres invites visant à recueillir des informations auprès des personnes interrogées. Les questionnaires présentent des avantages par rapport à d'autres types d'enquêtes : ils sont peu coûteux, ne nécessitent pas autant d'efforts de la part de l'enquêteur que les enquêtes verbales ou téléphoniques, et les réponses sont souvent standardisées ; ce qui facilite la compilation des données. Par exemple, vous pourriez avoir une question avec des réponses à choix multiples faciles à scorer comme :

Quel est votre statut marital ?

- Célibataire
- Marié(e)
- Divorcé(e)
- Marié(e)

Test de type Likert sur les attitudes et les opinions

Vous voulez savoir si les membres de l'auditoire partagent les mêmes attitudes ou sont d'accord ou non avec votre thèse ? Vous pouvez utiliser une échelle d'évaluation des attitudes de type Likert. Un item de Likert est simplement une déclaration que le répondant est invité à évaluer selon n'importe quel type de critère subjectif ou objectif ; généralement, le niveau d'accord ou de désaccord est mesuré. On utilise souvent cinq niveaux de réponse ordonnés. Regardez l'échelle de Likert dans l'exemple ci-dessous, pour voir le format de l'item typique de Likert à cinq niveaux:

- Pas du tout d'accord
- Pas d'accord
- Ni d'accord ni en désaccord
- D'accord
- Tout à fait d'accord.

Enfin, lors de l'entretien, n'oubliez pas de laisser à la personne interrogée le temps de répondre à votre question sans l'interrompre. Laissez également quelques brèves pauses entre une question et la suivante afin que la personne interrogée puisse fournir des informations supplémentaires. Ou encore, posez des questions avant de passer à la question suivante. En général, il est préférable de préparer une liste de questions à l'avance et de passer des questions générales aux questions spécifiques.

Lorsque vous utilisez un questionnaire ou des échelles d'évaluation, il est sage de les tester sur un petit échantillon de votre public avant de les administrer à un grand groupe. Vous pouvez utiliser ce petit échantillon pour vous assurer que tout le monde comprend le sens des questions et que vous obtenez des informations utiles. Vous pouvez collecter les données directement ou utiliser des enquêtes en ligne, assistées par ordinateur, ou des questionnaires d'entretien.

Adapter le message à l'auditoire pendant la préparation

Un orateur public peut utiliser des informations sur le public pour adapter son message à ce public particulier pendant la préparation du discours. Les informations démographiques aident l'orateur à anticiper le public et à imaginer comment il réagira aux différents aspects du message. Tout en structurant le message, l'orateur doit garder à l'esprit son public théorique imaginé et anticiper la façon dont il pourrait réagir au discours comme suit.

Quelles expériences et quels événements l'orateur partage-t-il avec son public ? En quoi l'orateur est-il similaire à son auditoire ? L'orateur peut ensuite appliquer ces connaissances dans son message pour rencontrer son public sur un terrain commun et s'identifier à lui.

Les analogies consistent à relier l'inconnu au familier. Quels exemples ou analogies l'orateur peut-il utiliser que l'auditoire est susceptible de trouver familiers ?

Les orateurs doivent utiliser des mots que l'auditoire comprend. C'est ce qu'on appelle parfois la diction, c'est-à-dire le choix par l'orateur des mots et du style d'expression appropriés. Méfiez-vous du jargon, ou langage spécialisé. Le langage que l'orateur connaît dans le sport ou le travail peut ne pas être familier à un public qui ne pratique pas le même sport ou ne travaille pas dans le même environnement. Si l'orateur est issu d'une culture linguistique différente de celle de son auditoire ou s'il parle un dialecte différent, il doit veiller à choisir des expressions et des mots que l'auditoire utiliserait pour coder le message du discours.

L'orateur doit peut-être mettre de côté ses propres attitudes, valeurs et croyances afin d'adopter temporairement le point de vue de l'auditoire. Quelles sources le public acceptera-t-il comme autorités, qui pourraient être différentes de celles que l'orateur cite pour appuyer ses arguments ou ses croyances ? Si le public risque de réagir négativement à une partie du message ou de ne pas le comprendre, l'orateur doit modifier cette partie avant de la délivrer.

Adapter le message à l'auditoire pendant la présentation du discours

Les orateurs sont encouragés à prévoir une adaptation pendant le discours. Avec un auditoire en face à face dans une petite salle, l'orateur peut observer les réactions non verbales, telles que les regards de confusion ou les expressions d'accord ou de désaccord, et adapter le message en conséquence.

L'orateur peut également encourager le public à poser des questions. Traditionnellement, l'orateur pose des questions à la fin du discours, mais ce n'est pas toujours le cas. L'orateur peut inciter le public à poser des questions tout au long du discours, en marquant simplement une pause entre les points ou en demandant poliment au public de ne pas poser de questions avant la fin. Si les membres du public ne posent pas de questions jusqu'à la fin, l'orateur doit se préparer aux interruptions et répéter en conséquence.

Avec un public plus nombreux, l'orateur peut utiliser un système de réponse de l'auditoire (ARS), également connu sous le nom de Clicker, pour déterminer ce que l'auditoire a compris ou ce que sont ses opinions à ce moment-là. Les systèmes ARS fonctionnent avec les ordinateurs portables, les ordinateurs de poche ou les autres ordinateurs de poche de l'auditoire, compatibles WI-FI. Si l'ordinateur de l'orateur est également équipé de la technologie Wi-Fi, il peut afficher les réponses sur un écran tout en parlant et adapter son message en conséquence. Les systèmes ARS peuvent être utilisés pour un large public dans une salle de classe, un amphithéâtre ou lors d'une téléconférence.

Les téléphones portables utilisant des systèmes de réponse par SMS sont un autre moyen pour l'orateur de recueillir des informations et de s'adapter pendant son discours. Les systèmes de réponse par téléphone portable, tel que le système de réponse SMS, sont capables d'accepter les entrées de texte du public et de recevoir plusieurs réponses aux questions par SMS. Pour les établissements qui ne disposent pas de l'équipement nécessaire pour analyser les données SMS pendant le discours, le public peut envoyer des tweets à l'orateur, en utilisant un hashtag propre à l'occasion ou à la présentation. Les tweets peuvent être affichés dans le cadre d'un canal de retour provenant de publics distants ou de membres des grands publics utilisant leurs smartphones ; et l'orateur peut répondre aux tweets ou adapter son message en temps réel.

L'importance de la collecte d'informations

La collecte d'informations peut aider les orateurs à gagner en crédibilité et à rendre leur discours actuel et pertinent.

Si vous êtes déjà un expert sur votre sujet, pourquoi prendre le temps de recueillir davantage d'informations ? L'expertise personnelle est une excellente source d'anecdotes, d'illustrations et d'idées sur des questions et des problèmes importants liés à votre sujet. Cependant, l'opinion d'une personne a moins de poids qu'une opinion partagée par d'autres experts, étayée par des preuves ou validée par des témoignages. Le processus de collecte d'informations vous permet de dépasser les limites de votre propre expérience et d'enrichir votre compréhension du sujet. Voici quelques-uns des avantages que vous pouvez tirer de la collecte d'informations.

Gagner en crédibilité

Si vous voulez que le public ait confiance en vos affirmations, étayez-les. Ne vous attendez pas à ce que le public vous croie sur parole, sans poser de questions. Trouvez des preuves, des illustrations, des anecdotes, des témoignages ou des avis d'experts qui appuient vos affirmations. Pour réussir à convaincre, et comme le disait Aristote, il est indispensable avant toute chose de paraître crédible auprès de votre audience, c'est le fameux « ethos ».

Pour cela, il existe certaines techniques qui peuvent vous faciliter la vie et notamment certains éléments de langage qui, lorsqu'ils sont utilisés à bon escient, renforcent votre crédibilité et vous rendent plus légitime sur les sujets que vous présentez, tout en vous positionnant comme une personne digne de confiance.

Voici donc 7 phrases à inclure dans chacune de vos présentations pour booster votre crédibilité mais aussi votre capacité de convaincre à l'oral :

1° À la fin de cette présentation vous saurez donc que...

Cette phrase permet, avant tout, de donner à votre public une bonne raison de vous écouter. Si vous parvenez à l'intéresser, à proposer une thématique qui le concerne, il vous sera alors beaucoup plus facile de gagner son attention, puisque vous aurez réussi à prouver la légitimité de votre présence sur scène. Pensez donc à l'inclure en début de présentation, en évitant d'utiliser le mot « apprendre » qui fait plus allusion aux activités scolaires.

2° Si j'ai bien compris, votre situation actuelle est la suivante ...

Pour être efficace, toute présentation doit commencer par un diagnostic. Lorsque vous présentez à l'oral, il est indispensable de toujours définir la situation initiale de votre audience, et d'en faire émerger une problématique qui la concerne directement. L'objectif de votre démonstration orale étant par la suite de réussir à apporter une solution pertinente à celle-ci, et c'est ainsi que l'on réussit à convaincre. La meilleure façon d'asseoir sa crédibilité et sa légitimité passe donc par définir initialement un contexte, un diagnostic, que votre public jugera pertinent par rapport au problème évoqué. Pour cela, il est indispensable de bien étudier votre public, en amont de votre prestation.

3. D'après une étude [récente] de [source fiable]...

La plupart du temps, pour convaincre il est important d'être capable d'apporter des preuves soutenant vos arguments. Pour cela, rien de mieux qu'une étude extraite d'une source fiable. Sachez que plus votre source sera récente et plus votre argument paraitra solide. Les recherches universitaires, d'entreprises, ou d'instituts d'études réputés étant bien évidemment les sources à privilégier.

4. Voici ce que la concurrence propose aujourd'hui ...

Pour réussir à convaincre, il important également d'être capable d'apporter des comparaisons, des perspectives différentes à votre auditoire, de façon à anticiper leurs propres objections et renforcer la crédibilité de votre argumentation. Pensez donc, au-delà des études pertinentes, à toujours évoquer les alternatives aux solutions que vous proposez, et juxtaposez ensuite votre propre point de vue, pour en faire la démonstration de sa pertinence. Car il est important de ne jamais oublier qu'une idée n'est bonne que si celle-ci peut être comparée à quelque chose qui l'est moins.

5. Voici comment l'entreprise ou entité x résous son problème...

Pour gagner en crédibilité il est important également d'être capable de démontrer que la solution que vous avancez est un « success story » dans une autre entreprise, ou réalité de même dimension. Nous avons tous une aversion naturelle au risque et pour accepter de se laisser convaincre. L'être humain a généralement besoin de s'assurer que d'autres personnes ont déjà adopté le point de vue, produit ou investissement, qu'on lui propose, et qu'il s'agit là d'une option qui peut lui être bénéfique.

Ainsi, si vous êtes capable de démontrer à votre public des exemples de succès, des preuves sociales de l'adoption de votre point de vue, vous réussirez alors plus facilement à renforcer la crédibilité de votre discours et à convaincre votre audience de l'intérêt de vos idées.

6. Je connais très bien cette situation car j'ai moi-même …

Les histoires personnelles, sont une excellente façon également de gagner en crédibilité, tant nous sommes habitués depuis la nuit des temps à nous en servir pour guider nos comportements. Si vous possédez une expérience personnelle riche en enseignements et qui vient renforcer la légitimité des solutions que vous proposez, vous aurez alors beaucoup plus de chances de réussir à rendre vos idées mémorables et encourager votre public à vous suivre.

7. Je préfère vérifier cette information et je reviens vers vous …

Parfois, pour garder son capital crédibilité intact, il est important d'être capable d'admettre que vous ne savez pas tout. Le pire pour la crédibilité c'est de se faire démentir en direct. Aujourd'hui nous avons tous un téléphone dans la poche et il est très aisé pour chaque membre de votre public de contrevérifier une information, pour pointer une imprécision faite par l'orateur. Vérifiez donc toujours vos sources avant d'avancer un argument, et si on vous pose une question à laquelle vous n'êtes pas tout à fait sûr de sa réponse, aucun soucis, dites-le et proposez de revenir vers cette personne ultérieurement. Cela aura le mérite de vous rendre plus humain et sincère, ce qui augmentera forcément votre capital crédibilité.

Mettez l'accent sur l'actualité

Si vous voulez assurer à votre public que vous êtes bien informé sur votre sujet, fournissez des informations actuelles sur le sujet. Au lieu de vous appuyer sur des généralisations, rassemblez des informations à jour sur les particularités de votre sujet. Voyez laquelle de ces deux affirmations est la plus perspicace.

Les adolescents passent trop de temps avec leurs gadgets électroniques. Cette obsession les éloigne du monde réel et les laisse mal préparés à la vie adulte. Selon une étude récente de la Kaiser Family Foundation, les adolescents passent plus de sept heures et demie par jour à utiliser des appareils électroniques, principalement des smartphones, des ordinateurs et des téléviseurs. Cette préoccupation laisse peu de temps pour accorder toute l'attention nécessaire aux devoirs, à la famille et aux activités extrascolaires, qui sont autant d'étapes essentielles vers la vie d'adulte.

La première affirmation repose sur des opinions non fondées, laissant des trous béants dans son argumentation. Peut-être, les adolescents passent-ils trop de temps avec leurs appareils. Mais combien de temps y passent-ils et pourquoi est-ce un problème ? Cela ressemble à une diatribe de vieux briscards sur "les enfants d'aujourd'hui". La deuxième affirmation s'appuie sur des preuves tirées d'une étude récente et énumère des problèmes spécifiques. Des informations récentes permettent de définir clairement le problème.

Restez pertinent

Des publics différents ont des besoins différents. Lorsque vous effectuez une analyse d'audience, vous obtenez des informations démographiques précieuses - et vous devez utiliser ces informations pour guider la recherche de preuves et d'illustrations. Qu'est-ce qui résonnerait avec ce groupe particulier de personnes ?

Disons que vous conseillez un public d'étudiants en soins infirmiers à Beni sur leurs perspectives d'emploi. Si vous avez des connaissances générales sur les emplois d'infirmières, vous avez un bon point de départ. Si vous recherchez des informations sur le marché actuel des emplois d'infirmières à Beni, vous disposerez d'informations encore plus précieuses pour votre public. Veillez à ce que votre discours soit pertinent pour votre public : prenez le temps de développer votre domaine d'expertise en rassemblant des informations spécialisées pour l'occasion. Lorsque vous entamez le processus de recherche, explorez une variété de sources pour découvrir les informations les plus utiles que possibles.

Conclusion

Parler en public paralyse beaucoup de personnes ; pourtant, en appliquant les quelques conseils simples fournis dans les chapitres supra développés dans cet ouvrage, aiderait à bien vous surprendre vous-même, et bien entendu, vos interlocuteurs, car en chacun de nous se trouve en effet un excellent orateur qui s'ignore.

Sachez que, vous êtes un excellent orateur sans le savoir. Quand vous êtes en confiance, chez vous, ou à dîner chez des amis, vous êtes sans le savoir un excellent orateur ! Normal : vous êtes vous-même et ne subissez pas le stress de l'exercice de la prise de parole "formelle". Observez-vous dans ce moment-là : vous racontez des histoires, pour transmettre une idée ou pour faire passer un message, n'est-ce pas ? Cependant, il est impérieux de faire le tri dans vos idées, car tout ne peut pas être dit et surtout qu'une prise de parole en public est très souvent le contraire d'une rédaction ou d'une dissertation. On ne vous demande pas de planter le décor, de faire un plan, de développer une première, une deuxième, puis une troisième partie, puis de faire une conclusion. Non ! A l'oral, il faut faire passer un message, une information, et pour cela, il faut utiliser des histoires, des exemples, des chiffres marquants afin de toucher directement votre public.

Bibliographie

Agent majeur. (2021, 6 8). *congreunce: aligner verbal, visuel et vocal.* Retrieved from Agent Majeur: https://www.agentmajeur.fr

Agent Majeur. (2021, 7 7). *Préparer une présentation : la méthode SELL.* Retrieved from Agent majeur-communication scientifique: https://www.agentmajeur.fr

Anunciacao, J. d. (2014). *Le discours de la persuasion : une étude pragmatique et cognitive, mémoire publié.* Paris: https://www.tel.archives-ouvertes.fr/tel-00982874/document.

Ashe, A. (2021, 7 8). *citation célèbre.* Retrieved from Le Parisien: https://www.citation-celebre.leparisien.fr

Boundless Communications. (2021, 6 23). Retrieved from Lumen: https://courses.lumenlearning.com/boundless-communications/chapter/internet-research/

Catherine, D. (2013). *la part de rêve que chacun porte en soi.* Paris: Hachette Livre.

Charlotte, A.-L., Charles, C., Florence, F., Michel, L., Mauricette, P., & Annie, S. e. (2012). *Assistant de Gestion PME-PMI.* Paris: 10e Ed. Dunod.

Christophe, B. (2015). *Réussir votre communication.* ZAC du Moulin Neuf: Edition ENI.

Claire, G. (2020, 6 28). *Comment mettre de l'émotion dans son discours.* Retrieved from The message comapny: https://www.themessagecompany.fr

Donald, S. (1992). *Creating understanding: a handbook for Christian communication across cultural landscapes.* Michigan: Zondervan Publishing House.

Etudier. (2020, 2 24). *La communication non verbale à travers le style vestimentaire.* Retrieved from Etudier: https://www.etudier.com

Froment, G. (2017, 12 27). *Parler en public : 4 techniques pour s'entraîner.* Retrieved from Capital avec Management: https://www.capital.fr

https://www.e-marketing.fr/. (2021). Retrieved from e-marketing.fr: https://www.e-marketing.fr/

Loren, T. (2021, 7 24). *Comment s'habiller pour une prise de parole en public.* Retrieved from soyons elegantes: https://www.soyonselegantes.com

Modele de lettre gratuit. (2021, 6 5). *esplik!* Retrieved from Modele de lettre gratuit: https://www.modele-lettre-gratuit.com/

Never be lied. (2021, 1 26). *les vêtements, une forme de communication non-verbale*. Retrieved from Never be lied: https://www.never-be-lied.com

Philibert, L. (2021, 2 3). *Maîtriser ses émotions dans une prise de parole en public*. Retrieved from JDN: https://www.journaldunet.com

Renou, F. (2012, 10 15). *Parler en public : comment se tenir*. Retrieved from JDN: https://www.journaldunet.com

Russell, P. C. (2021, 1 23). *Comment gangner la confiance en soi?* Retrieved from Psychologies: https://www.test.psychologies.com

Sarah, G. (2020, 5 14). *les 8 secrets des plus grands orateurs.* Retrieved from WordingFactory: https://www.wording-factory.com

Saunier-Plumaz, A. (2010). Se connaitre pour bien s'habiller au bureau. In A. Saunier-Plumaz, *Se connaitre pour bien s'habiller au bureau* (pp. 1-7). Paris: Presses universitaires de Grenoble.

Senger, J. (1967). *L'art Oratoire.* Paris: 4eme Ed., PUF.

Sylvie, B. (2020, 10 8). *Communication et congruence*. Retrieved from Iris Accompagnement: https://www.irisaccompagnement.fr

Thierry, L. (2013). *Communication(s).* Paris: Dunod.

Toastmasters International. (2013). *maitriser la communication non verbale.* CA:USA: www.Toastmasters.org.

Word Storm . (2021, 6 5). *word Storm Public Relations.* Retrieved from https://wordstormpr.com.au/about-us/: https://www.wordstormpr.com

www.farum.unige.it. (2020, 12 30). Retrieved from http://www.farum.unige.it

Zamaron, C. (2021, 7 15). *Comment gérer ses émotions*. Retrieved from Gladiacteur: https://www.gladiacteur.com

Printed by Books on Demand GmbH, Norderstedt / Germany